职业教育高速铁路客运服务专业系列教材

U0649830

高速铁路
旅客服务心理学

第2版

赵　荔　申金国　张　慧　主　编

赵　明　王　尧　刘子暄　副主编

宋继林　主　审

人民交通出版社

北　京

内　容　提　要

本教材为职业教育高速铁路客运服务专业系列教材之一。全书内容分为三篇十一个模块,包括走近心理学、高速铁路旅客服务与心理学、高速铁路旅客感知觉心理与服务、高速铁路旅客情绪心理与服务、高速铁路旅客需要心理与服务、高速铁路旅客个性心理与服务、高速铁路旅客群体心理与服务、高速铁路旅客服务中的客我交往、高速铁路旅客投诉心理与处理、高速铁路客运服务人员心理健康调适、高速铁路客运服务人员职业倦怠与激励。每一模块知识丰富、案例实用性强,并配有二维码视频资源,激发学生的学习兴趣与思考,为学生提供生动形象的教学资料,有利于教学一体化的发展。

本教材可供高职、中职院校铁道运输类相关专业教学选用,亦可供相关行业培训、岗前培训和职工培训参考使用。

本教材配套课件、教案、课程标准、案例、实训工单、录课视频等资源。任课教师可加入职教铁路教学研讨群(QQ群:211163250)获取课件资源。

图书在版编目(CIP)数据

高速铁路旅客服务心理学/赵荔,申金国,张慧主编
. —2版. —北京:人民交通出版社股份有限公司,
2024.7(2025.3重印)
ISBN 978-7-114-19040-7

Ⅰ.①高…　Ⅱ.①赵…②申…③张…　Ⅲ.①高速铁
路—旅客运输—商业心理学—职业教育—教材　Ⅳ.
①U293-05

中国国家版本馆CIP数据核字(2023)第201550号

职业教育高速铁路客运服务专业系列教材
Gaosu Tielu Lüke Fuwu Xinlixue

书　　名:	高速铁路旅客服务心理学(第2版)
著　作　者:	赵　荔　申金国　张　慧
责任编辑:	杨　思
责任校对:	孙国靖　宋佳时
责任印制:	张　凯
出版发行:	人民交通出版社
地　　址:	(100011)北京市朝阳区安定门外外馆斜街3号
网　　址:	http://www.ccpcl.com.cn
销售电话:	(010)85285911
总　经　销:	人民交通出版社发行部
经　　销:	各地新华书店
印　　刷:	北京市密东印刷有限公司
开　　本:	787×1092　1/16
印　　张:	13.25
字　　数:	302千
版　　次:	2020年5月　第1版 2024年7月　第2版
印　　次:	2025年3月　第2版　第2次印刷　总第9次印刷
书　　号:	ISBN 978-7-114-19040-7
定　　价:	45.00元

(有印刷、装订质量问题的图书,由本社负责调换)

第 2 版前言

【编写背景】

近年来,我国着力推动高质量发展,主动构建新发展格局,产业升级和经济结构调整不断加快,各行各业对职业人才的需求越来越紧迫,不断发展的中国铁路更是如此。我国高速铁路的规模不断扩大,已建成世界最大的高速铁路网。铁路高素质人才的需求随即不断扩大,同时,高速铁路职业教育步入了更有序的发展阶段。做好高速铁路旅客服务,展现中国铁路形象是铁路院校培养学生的目标,也是促进高质量充分就业的关键。了解高速铁路旅客的心理特点与变化规律,满足不同旅客的个性服务需求,是提高铁路旅客服务质量的必要前提。

【修订思路】

本教材第 1 版自 2020 年出版以来,得到院校及企业的普遍认可,在教育教学实践中反馈良好,对提高教学水平和教育质量、提升学生服务能力发挥了重要作用。此次修订全面贯彻党的教育方针,落实立德树人的根本任务,与企业加深合作,从新时代教学改革与高速铁路旅客服务岗位新需求出发,强化"为旅客服务"理念,将心理学知识有机融入高速铁路旅客服务。

本次教材修订,以习近平新时代中国特色社会主义思想为指导,及时、全面、准确落实党的二十大精神,结合新时期高速铁路客运服务状况,从高速铁路旅客服务行业的岗位需求出发,进一步融合企业场景实例,突出职业特色,强调理论与实践结合。力求帮助学生正确运用心理学知识,对旅客心理进行透彻分析,做出准确的判断,并能够做到与不同个性的旅客进行有效沟通,提升服务质量,满足职业能力需求,提升新时代高速铁路职业教育现代化水平,为高速铁路行业发展提供优质的人才资源支撑。

【教材特色】

本教材力求突出以下六方面特色。

1. 坚持正确的政治方向和价值导向。全面落实课程思政要求,弘扬"劳动光荣、技能宝贵、创造伟大"的时代风尚。

2. 内容更加全面充实。本教材包含了心理学及高速铁路旅客服务的专业知识、高速铁路旅客心理分析知识、高速铁路客运服务人员心理健康知识等多个方面。全方位加深职业院校学生对高速铁路旅客服务心理的理解。同时,深度对接行业岗位能力要求,体现技能人才培养特色。

3. 配套资源更加新颖丰富。为了突出实用性,本教材在理论知识的讲述方面,配有近期全国铁路工作中的现实场景案例分析和介绍,增配了微课资源,使学生能更加生动地理解高速铁路旅客服务心理,提升业务服务能力。

4. 针对性和指导性更强。教材将心理学知识和高速铁路旅客服务工作有机地结合起来,着力突出"案例引导、理论融合实践"的特色和"以学生为中心,为旅客服务"的工作理念,突出了职业教学的针对性和指导性。

5. 力求"知行合一",拓展教学实践内容。教材在每模块结尾处都安排了紧扣专业人才培养能力目标的"实践训练"环节,帮助学生在活动中体验、在体验中总结、在总结中掌握所学知识。

6. 更加注重校企合作。本教材编写全程有行业专家、学者深入参与,充分体现了"职普融通、产教融合、校企合作、育训结合"的理念。

【编写组织】

本教材编写团队成员有着丰富的教学经验和企业实践经历,在学术方面积极进行科学研究,为校企合作教材开发积累了丰富的成果。

本教材由黑龙江交通职业技术学院赵荔、申金国、张慧担任主编。赵荔负责本教材的编写、统稿;申金国负责本教材的结构设计和编写;张慧负责本教材思政内容的整理和校对。

本教材由哈尔滨剑桥学院赵明、中国铁路哈尔滨局集团有限公司王尧、吉林大学刘子暄担任副主编。赵明负责多媒体课件的设计制作;王尧负责校企合作案例组织与编写;刘子暄负责案例资料整理。

本教材由黑龙江交通职业技术学院宋继林担任主审。

【致谢】

感谢中国铁路哈尔滨局集团有限公司王德恩在全书编写过程中提供的专业支持。

由于编者水平有限,书中难免存在疏漏和不足之处,敬请广大读者批评指正。

编　者
2024 年 5 月

目　录

第三篇　凝"心"聚力

附　　录

第一篇

从“心”出发

思政导语

“天下无难事，只怕有心人”，出自明代王骥德所著的《韩夫人题红记·花阴私祝》。意思是：只要做“有心人”，亦即有志向、有决心、有毅力，就没有办不成的事，没有达不到的人生理想和目标。

走近心理学

◎ 学习目标

1. 了解心理学的研究对象；
2. 掌握心理学的研究方法；
3. 了解心理学的发展与应用领域。

❀ 内容结构

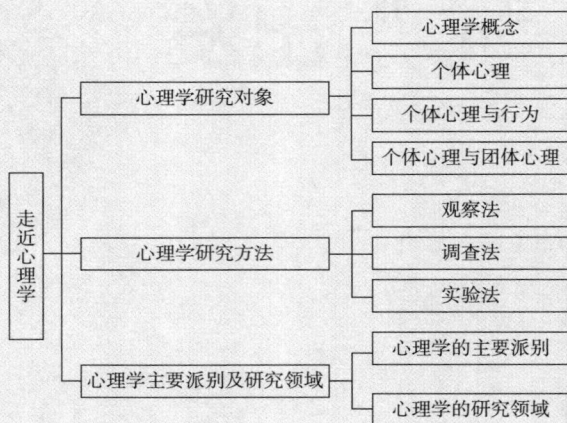

⚛ 课前导学

你知道吗？与一个人初次会面，4秒就能产生第一印象，而最初的0.25秒至4秒给对方留下的印象是最深刻的。不要小看这短短的4秒，别人对你这个人75%的判断和评价都是由此而来，这就是首因效应。

一位社会心理学家于1957年做了关于首因效应的研究。他用两段杜撰的故事作为实验材料，描写的是学生A。一段故事中把A描写成一个热情且外向的人，而另一段故事中则把他描写成一个冷淡且内向的人。

故事1：A走出家门去买文具，他和他的两个朋友一起走在充满阳光的马路上，他们一边走一边晒太阳。A走进一家文具店，店里挤满了人，他一边等待着店员，一边和一个熟人聊天。他买好文具在向外走的途中遇到了朋友，就停下来和朋友打招呼，然后告别朋友走向学校。在路上又遇到了一个前天晚上刚认识的女孩，他们聊了几句后就告别了。

故事2：放学后，A独自离开教室走出了校门，走在回家的路上，路上阳光非常耀眼。A走在马路阴凉的一边，看见迎面而来的是前天晚上遇到过的那个漂亮的女孩。A穿过马路进了一家饮食店，店里挤满了学生，他注意到那儿有几张熟悉的面孔。A安静地等待着，直到引起柜台服务员的注意之后才买了饮料。他坐在一张靠墙边的椅子上喝着饮料，喝完之后就回家了。

心理学家把这两段故事进行了四组排列组合，分别让水平相当的中学生阅读，并让他们对A的性格进行评价。

（1）将描写A性格热情外向的材料放在前面，描写他性格内向的材料放在后面；

（2）将描写A性格冷淡内向的材料放在前面，描写他性格外向的材料放在后面；

（3）只出示那段描写热情外向的故事；

（4）只出示那段描写冷淡内向的故事。

结果表明，第一组中有78%的人认为A是个比较热情而外向的人；第二组中只有18%的人认为A是个外向的人；第三组中有95%的人认为A是外向的人；第四组中只有3%的人认为A是外向的人。

这个研究验证了首因效应的存在及重要性。这些第一印象虽然并非总是正确的，但却是最鲜明、最牢固的，并且决定着以后双方交往的进程。如果我们给他人的第一印象形成的是正面的心理定式，就会使别人在后继的相处中多去发掘我们美好的心理品质；相反，如果我们给他人的第一印象形成的是负面的心理定式，就会使别人在后继的了解中多偏向于揭露我们令人厌恶的部分。因此我们在日常的交往过程中，特别是与别人的第一次交往时，一定要注意给别人留下美好的印象。

同步思考

(1)文章的题目给你什么样的"第一印象"?

(2)我们在生活中还遇到过哪些属于首因效应的现象?

人们初次接触心理学,往往会有这样的想法:学了心理学是不是就能知道别人心里在想什么? 是不是就能马上了解对方的心思? 是不是普通人在心理学家面前就没有秘密可言了?

这些疑问是由于不了解心理学的研究对象和学科性质所引起的误会。事实上,我们每个人都应该了解和学习一些心理学的知识,因为它涉及我们生活的方方面面。

为什么有些人总是很容易与他人发生争吵,而有些人却能热忱待人?"耳听为虚,眼见为实"有心理依据吗? 本想记住的东西却很快就忘记了,原因何在? 这类问题都是心理学研究的内容。让我们一起从"心"出发,走近心理学,走进"心"的世界。

心理学研究对象

一、心理学概念

我们周围的环境中有各种各样的现象,如日月星辰、山川河流、飞禽走兽、风土人情、社会准则等。它们有的属于自然现象,有的属于社会现象。这些现象分别由不同的学科进行研究,构成人类不同的知识领域。

人的心理现象是自然界最复杂、最奇妙的一种现象。人眼可以看到五彩缤纷的世界,人耳可以聆听旋律优美的音乐,人脑可以存储异常丰富的知识,事过境迁而记忆犹存。人能运用自己的思维去探索自然和社会的各种奥秘;人还有七情六欲,可以通过活动去满足自己的各种需要,并在周围环境中留下自己意志的印记……总之,人类关于自然和社会的各种知识,在认识世界、改造世界过程中所取得的一切成就,都与人的心理密不可分。

心理学是研究心理现象的科学。它以自己特有的研究对象而与其他学科区别开来。心理学既研究动物的心理,也研究人的心理,其中以人的心理现象为主要的研究对象。

二、个体心理

人是作为个体而存在的,个人所具有的心理现象称个体心理。个体心理异常复杂,但概括起来其构成可以分为心理过程和个性心理两大部分,如图 1-1 所示。

(一) 心理过程

心理过程是指心理活动发生、发展的过程,也就是人脑对现实的反映过程。人的心理活动都会经历发生、发展、消失的过程。人在活动的时候,通过各种感官认识外部世界,通过头脑的活动思考着事物的因果关系,并伴随喜、怒、哀、惧等情绪体验。这种折射着一系列心理现象的过程就是心理过程。心理过程人人皆有,是人的心理现象的共性部分。整个心理过程,分为认知过程、情绪和情感过程、意志过程。

1. 认知过程

(1)感觉、知觉。人们在处理事物的时候,用眼睛看、用耳朵听、用鼻子闻、用手摸,从而产生了不同的感觉和知觉。感觉是一种简单的心理现象,是对客观事物个别属性的反映。知觉是对事物整体的认知,是在感觉的基础上分辨出整个物体。感觉和知觉通常是同时发生的,因而合称为感知觉。需要注意的是,知觉比感觉要复杂得多。

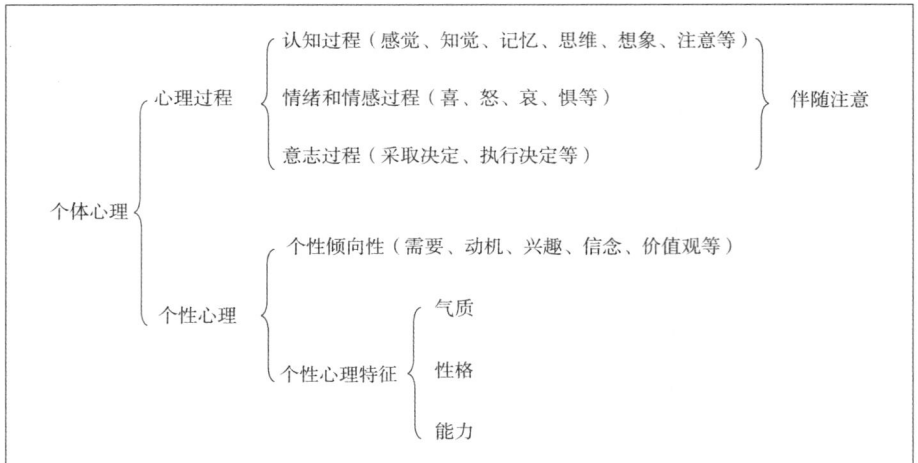

```
                    ┌ 认知过程(感觉、知觉、记忆、思维、想象、注意等)    ┐
        ┌ 心理过程 ┤ 情绪和情感过程(喜、怒、哀、惧等)              ├ 伴随注意
        │          └ 意志过程(采取决定、执行决定等)              ┘
个体心理 ┤
        │          ┌ 个性倾向性(需要、动机、兴趣、信念、价值观等)
        │          │              ┌ 气质
        └ 个性心理 ┤ 个性心理特征 ┤ 性格
                   └              └ 能力
```

■ 图 1-1

个体心理现象

(2)记忆。人们不仅能够感知周围的事物,而且能记住它们,当这些事物再次出现时,人们就能够认出它们,或者虽然事物并没有出现在眼前,但人们却能够回忆起来,这就是记忆。记忆是比感觉和知觉更为复杂的心理过程。

(3)思维。人们不仅能直接感知事物,反映它的表面特征,还能利用感知的材料和已有的知识进行分析与思考,间接、概括地反映事物内在的本质与规律,如解决问题、制定战略决策、创造发明等。思维是一种更为复杂、高级的心理过程。

(4)想象。人们不仅能直接感知各种事物,记住和回忆过去曾经感知过的事物,而且可以在感知、记忆、思维的基础上,将头脑中已有的表象进行加工,形成一种新的形象,这就是想象。想象与思维一样,是一种高级的心理过程,是人的创造活动的必要因素,与思维有着密切的联系。

(5)注意。人们在感知一个事物、回忆一件往事、思考一个问题、想象一个形象时,心理活动必定会有所指向和集中,这样人们才能更好地观察、倾听、记忆和思考,这就是注意。感觉、知觉、记忆、思维、想象都属于认知过程,而注意是伴随在认知过程中的一种心理特性。

2. 情绪和情感过程

个体不仅能够在认知过程中认识世界,而且能够在认知世界的过程中产生态度,进而产生满意、厌恶、高兴、愤怒以及美感、理智感等主观体验,这就是情绪和情感过程。获得奖学金、买到春运期间的火车票、父母朋友的理解陪伴等都会让人感到愉快、欣喜;而上课迟到、与人吵架、考试失败则会让人感到着急、生气、难过。情绪和情感是在认知的基础上,对事物了解、认识之后才会产生的。同时,情绪和情感又对认知产生影响,调节人的认知。例如,积极的情绪和情感能够激发人的认知能力,提高活动效率;而消极的情绪和情感则会使人消沉,阻碍个体有效地认知事物,曲解他人意思,进而造成冲突。

心理阅读 1-2

情绪实验

古代学者曾把一胎所生的两只羊羔置于不同的环境中:一只小羊羔随羊群在水草丰茂的地方快乐地生活;而在另一只小羊羔旁边拴了一只狼,这只小羊羔总是看到自己面前那只野兽,感受到它的威胁,在极度惊恐的状态下,根本吃不下东西。

心理学家还用狗做了嫉妒情绪实验:把一只饥饿的狗关在一个铁笼子里,让笼子外面另一只狗当着它的面吃肉骨头。笼内那只饥饿的狗在急躁、气愤和嫉妒的情绪状态下,产生了神经症性的病态反应。

实验结果说明:恐惧、嫉妒、急躁、愤怒、敌意等是破坏性的情绪,长期被这些负向情绪困扰就会导致身心疾病的发生。

3. 意志过程

对于客观事物,人们不仅能认识它、感受它,还能够有目的、有计划地对它进行改造,这种自觉的、有确定目的的,并为实现目的而自觉支配和调节行为的心理过程称为意志过程。意志与认知和情感有密切的关系。人对自己的行为进行调节和控制,是根据自己的认知和情感来实现的,而人的意志坚强与否又会对人的认知和情感产生巨大的影响。

(二) 个性心理

个性心理是一个人的心理过程经常表现出来的稳定特点,是心理现象的个别特性。世界上找不到两片完全相同的树叶,也找不到两个个性完全相同的人。个性心理包括两方面的内容:个性倾向性和个性心理特征。

1. 个性倾向性

个性倾向性是人进行活动的基本动力,是个性结构中最活跃的因素。它决定着人对现实的态度,决定着人对认识活动对象的趋向和选择。个性倾向性主要包括需要、动机、兴趣、理想、信念和价值观等。

例如,动机引发人的行为,是行为的动力,它推动和引导人朝着特定的目标努力坚持下去。小到个体的吃饭、穿衣、睡觉、走路等简单的活动,大到追求成功、建功立业、获得权威地位等,都是在动机的推动下进行的。

动机的基础是人类的各种需要,即个体在生理和心理上的某种不平衡状态。个体既有最基本的生理需要,如吃饭、喝水、安全的需要;也有较高层次的需要,如人际交往、自尊和自我实现的需要。既有物质的需要,如穿衣、住房、交通工具的需要;也有精神的需要,如欣赏美的事物、学习新的知识等的需要。

每个人的需要程度不一样,动机的类型和强度也就不一样,因而面对同一事物的兴趣、态度、信念等就会有所不同。

2. 个性心理特征

个性心理特征是指一个人身上经常地、稳定地表现出来的心理特点。它是个性结构中比较稳定的成分,主要包括气质、性格和能力。

(1)气质。气质即我们平常所说的人的脾气、秉性、性情等,是人的心理活动表现在人的情绪和行为活动中的动力方面特点的总和,包括心理过程的速度和稳定性(如感知觉的速度、思维的灵活程度、注意的集中时间长短),也包括心理过程的强度(如情绪体验强弱、意志努力程度)和心理活动的指向性(指向内心世界还是外部事物)。

(2)性格。性格就是我们平时常说的个性,是体现人对客观现实的态度和行为方面的稳定的心理特征。人的性格是经常性的、习惯性的态度和行为,而不是指在偶然场合下的特殊态度和行为。

(3)能力。人在生理、心理发育成熟后,就有了从事生产劳动的技能,这就是能力。能力包括智力、才能、技艺。对于高速铁路客运服务人员来说,能力分为一般能力和专门能力两种。一般能力包括注意力、观察力、记忆力、思维力和想象力,这是适用于各种活动的能力;专门能力是适用于某些特殊领域的能力,如列车广播员播音表达能力、列车长管理协调能力和乘警处理突发事件的应变能力等。

(三)心理过程与个性心理的关系

心理过程和个性心理是个体心理的两个方面,也是心理学主要的研究领域。这两个方面不是割裂的,而是互相联系、互相依存的。需要和动机会推动人们去认识世界,在认识世界的过程中会建立各种人际关系,并产生各种情绪体验。对这些情绪体验的认知会让我们产生对这个世界基本的看法和观点,形成我们的个性心理特征,而这些个性心理特征又会影响我们对这个世界的认知。

三、个体心理与行为

行为是指有机体的反应系统,它由一系列反应动作和活动构成,如吃饭、穿衣、散步、劳动、娱乐等。有的行为很简单,只包含个别或少数反应成分,如光线刺激眼睛引起眼睑关闭、食物刺激口腔引起唾液分泌、肠胃因饥饿而加快蠕动等。有的行为则很复杂,包含了较复杂的反应成分,如写字、游泳、开火车等。这些行为由一系列反应动作组成,形成各种特定的反应系统。

(1)行为总是在一定的刺激情境下产生。引起行为的内、外因素叫刺激。在人类行为中,语言刺激具有重要的意义。通过语言发布命令,可以支配别人的行为,也可以进行自我调节,使行为服从预定的目的。

（2）行为不同于心理,但又和心理有着密切的联系。引起行为的刺激常常通过心理的中介而起作用。人没有对光线、声音、气味的感知觉,就不会有对光线、声音、气味的反应。人的行为的复杂性是由心理活动的复杂性决定的。同一刺激可能引起不同的反应,不同刺激也可能引起相同的反应,其原因在于人有丰富的主观世界。主观世界的情况不同,对同一刺激的反应常常是不一样的。俗话说,"饿时吃糠甜如蜜,饱时喝蜜蜜不甜"。有机体的内部状态不一样,对同一事物的反应也可能不一致。因此,不理解人的内部心理过程,就难以理解他的外部行为反应。

（3）心理支配行为,又通过行为表现出来。一个人的视觉和听觉能力,是通过他对光线和声音的反应表现出来的;一个人的记忆,是通过他运用知识的活动表现出来的;一个人的情绪和情感,是通过面部表情和姿态动作表现出来的。

心理现象是一种主观精神现象就像一个"黑箱子",看不见,摸不着,没有重量、大小和体积,而行为却具有显露在外的特点,可以用客观的方法进行测量。例如,我们可以用摄像机拍摄体操队员的精彩表演,用计时器记录工人的动作反应时间等。

由于行为能显示人们的心理活动,因此,我们可以通过观察和分析行为来客观地研究人们的心理活动,即打开"黑箱子"。从外部行为推测内部心理过程,是心理学研究的一条基本法则。在这个意义上,心理学有时也叫作研究行为的科学,即通过对行为的客观记录、分析和测量来揭示人的心理现象的规律性。

心理阅读 1-3

行为由个体所处的文化背景决定

如果文化塑造了行为,那么在特定的文化背景下所做的心理学研究能够体现出一般人的情况吗? 文化——上一代人传给下一代人的共同观念和行为,起着重要的影响作用,会让我们对不同类型、群体中的行为等表现出不同的态度。意识到文化上的差异,我们就可以纠正那种认为其他人也会像我们自己那样思考和行为的倾向。鉴于文化在今天有着越来越多的融合和冲突,我们迫切地需要有这样的意识。

然而,共同的生物遗传又把我们团结在统一的人类大家庭中,同样的心理机制在影响着世界各地的人。

（1）被诊断为阅读困难(一种阅读障碍)的人会表现出同样的脑功能紊乱,不管他国籍是什么。

（2）语言差异,如口语和身体语言可能会妨碍不同文化间的交流,然而所有语言的深层语法规则都是相似的,就像来自地球不同地区的人彼此之间可以用微笑或皱眉交流同样的信息。

（3）不同文化背景中的人在孤独感方面确实会有差异,但羞怯、低自尊和独身同样都会增强对孤独感的体验。

（4）不同地域有着不同的饮食习惯,但当我们坐下来吃饭时,影响我们饥饿感和味觉的原理却都是一样的。

我们每个人都会在某些方面与其他所有人相像,也会在某些方面只与一部分人相像,也可能在某些方面和其他任何人都不同。

尽管特定的态度和行为在不同的文化背景下有不同的表现,但正如实际工作和生活中常常出现的那样,其内在的心理学原理却基本是相同的。

四、个体心理与团体心理

存在于个体身上的心理现象称为个体心理。但是,人是社会的实体,人作为社会的成员总是生活在各种社会团体中,并与其他人结成各种各样的关系,如亲属关系、朋友关系、师生关系、阶级关系、民族关系、国家关系等。由于社会团体的客观存在,所以产生了团体心理或社会心理。团体与个体一样,存在着团体需要、团体利益、团体价值、团体规范、团体舆论、团体意志、团体目的等心理特征。一个团体由于具有某些特定的心理特征而区别于其他团体。

团体心理或社会心理与个体心理的关系,是共性与个性的关系。团体心理是在团体的共同生活条件和环境中产生的,它是该团体内个体心理特征的典型表现,而不是个体心理特征的简单总和。团体对个体来说,又是一种重要的社会现实,直接影响个体心理或个体意识的形成与发展。因此,团体心理、社会心理及其二者的关系,也是心理学的研究对象。

单元二

心理学研究方法

　　心理现象是一种主观的精神现象,行为是心理现象的外显,因此,在心理学的研究中,通常会以行为作为指标来反推心理过程。

　　行为可以通过客观的方法进行观察和测量。通过对人的行为的客观记录、分析和测量来推论个体的心理规律是心理学研究的基本方法。研究行为从而推测心理过程的方法主要有观察法、调查法和实验法。

一、观察法

　　观察法是指研究者根据一定的研究目的,用自己的感觉器官和辅助工具直接观察被研究对象,从而获得资料的一种方法。例如,通过观察学生的上课状态来判断课程的吸引程度,通过观察学生的课外活动表现来判断学生的人际关系模式。观察法适用于无法对被观察者进行控制,或者控制会影响其行为表现、有碍于伦理道德的情境。

　　对这些真实的行为进行分类、归纳、整理,能够了解研究对象的心理特点。为了避免观察的主观性和片面性,以获得正确的资料,在使用观察法时需要遵循以下几个原则。

　　(1)观察必须要有明确的目的。对观察的目的要做好明确的界定,制订计划,按照计划进行观察。

　　(2)观察必须是系统的,而不是零星偶然的。

　　(3)应在被观察者处于自然状态下进行观察。

　　(4)对观察结果进行记录。将观察的行为事实记录下来,区分"描述"与"解释"。如果能用录像机、录音机等进行记录,效果更好。

　　观察法是收集资料的初步方法,也是高速铁路客运服务人员在提升服务质量时可以应用的方法。但要注意,观察法积累的资料只能说明"是什么",而不能解释"为什么",所以要对观察到的资料进行进一步分析才能指导服务行为。

二、调查法

　　调查法是指以提问题的方式,要求被调查者就某个或某些问题回答自己的想法。调查法可以探讨被调查者的个体变量,如年龄、性别、教育程度、职业、经济状况等与其对问题的态度、期望、信念、行为选择之间的关系。调查法主要分为问卷法和访谈法两种。

1. 问卷法

问卷法是指研究者根据研究的要求,设计问卷,让被调查者自行填写,用来收集资料的一种方法,包括纸质问卷与网络问卷两种形式。问卷法的优点是覆盖面广、能够快速收集大量资料。缺点是只能得到被调查者对问题相对完整的答案,而回答的真实性难以保证。要想得到一份高质量的问卷,在设计问卷时应注意以下三点。

(1)问卷设计要切合调查目的。比如调查目的是了解旅客对某项服务的满意程度,那么所有题目的设计都要为这一目的服务。

(2)问卷的问题要适合调查的目的和被调查的对象。

(3)问卷的填写和使用要方便。在互联网普及的今天,可以通过网络收集相关的问卷信息。

2. 访谈法

访谈法是指研究者根据预先拟好的问题向被调查者提问,以问答的方式进行调查。要提高访谈法的研究效果,除了创造坦率和信任的良好氛围,使被调查者放心坦言之外,还需要研究者有良好的准备和训练,预先拟好问题,尽量使访谈标准化,使记录指标的含义保持一致,这样才能对结果进行客观分析和概括。

与问卷法相比,访谈法有如下优点。

(1)可以面对面地与被调查者交谈,能够提高被调查者回答问题的准确程度。

(2)能够根据被调查者的反应提出临时应变的问题,有可能获得额外有价值的信息。

(3)可以通过不同的问题来考察被调查者回答问题的真实程度。

访谈法的缺点是比较费时费力,效率较低,同时对研究者的要求较高。

案例 1-1

2013 年,太原火车站在候车厅、售票厅等区域发放"旅客满意度调查问卷",从服务态度、服务礼仪、硬件设施、购票方式四个方面请旅客对车站服务进行评价。通过对调查问卷的分析总结,车站新增服务项目三项,调整服务形式两种,使旅客真正成为车站服务管理工作的监督者与受益者。

2013 年,上海客运段倾听旅客意见,提升服务质量,在多趟列车上发放"旅客满意度调查问卷",并通过电话对旅客进行回访,旅客满意度明显提高。

2019 年,上海动车组列车开启高铁旅客在线服务系统。旅客用手机扫描二维码进入旅客评价服务系统,通过网络进行服务评价。

三、实验法

在控制条件下对某种心理现象进行观察的方法叫实验法。实验法不仅能回答"是什么"的问题,还能进一步回答"为什么"的问题。在实验中,研究者可以积极干预被试者的活动,创造某种条件使某种心理现象得以产生并重复出现。这是实验法和观察法的不同之处。

实验法分实验室实验和自然实验法两种。

1. 实验室实验法

实验室实验法是借助专门的实验设备,在对实验条件严加控制的情况下进行。由于对实验条件进行了严格控制,运用这种方法有助于发现事件的因果联系,并允许人们对实验的结果进行反复验证。实验室实验法的缺点是:由主试者严格控制实验条件,使实验情境带有极大的人为性质;被试者处在这样的情境中,又意识到自己正在接受实验,可能影响实验结果的客观性,并影响将实验结果应用于日常生活中。

2. 自然实验法

自然实验法也叫现场实验法,在某种程度上克服了实验室实验法的缺点。自然实验法虽然也对实验条件进行适当的控制,但它是在人们正常学习和工作的情境中进行的。由于实验是在正常的情境中进行的,因此其结果更符合实际。但是,在自然实验法中,由于条件的控制不够严格,难以得到精密的实验结果。

心理阅读 1-4

双生子爬楼梯实验

有一个著名的实验(图1-2):让一对同卵双胞胎练习爬楼梯。其中一个(代号为T)在他出生后的第47周开始练习,每天练习10分钟;另外一个(代号为C)在他出生后的第53周开始接受同样的训练。两个孩子都练习到他们满55周的时候,T练了8周,C只练了2周。

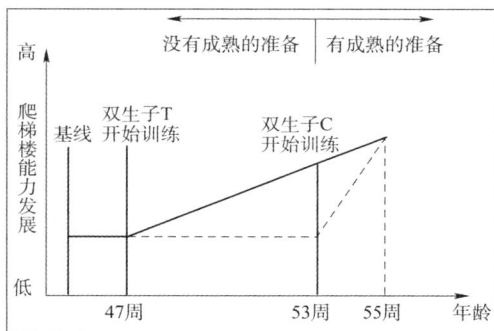

■ 图1-2 双生子爬楼梯实验

这两个孩子哪个爬楼梯的水平更高一些呢?

大多数人肯定认为应该是练了8周的T比只练了2周的C水平更高。但是,实验结果出人意料:只练了2周的C爬楼梯的水平比练了8周的T更高。C在10秒内可以爬上特制的五级楼梯的最高层,T则需要20秒才能完成。

实验者分析发现,47周就开始练习爬楼梯,为时尚早,孩子没有做好准备,所以训练只能取得事倍功半的效果;53周开始练习爬楼梯,这个时间就非常恰当,孩子做好准备,所以训练能达到事半功倍的效果。

这个实验给我们的启示是:在人尚未成熟之前,要耐心地等待,不要违背人自然发展的规律,不要违背人自然发展的内在"时间表",人为地通过训练加速人的发展。

单元三

心理学主要派别及研究领域

一、心理学的主要派别

总结起来,心理学的主要学派包括以下七种。

1. 构造主义学派

构造主义学派认为心理学应该研究人的直接经验,即意识,并把人的经验分为感觉、意象和激情状态三种元素。感觉是知觉的元素,意象是观念的元素,激情是情绪的元素。所有复杂的心理现象都是由这些元素构成的,主张用内省法研究人类心理。构造主义使心理学摆脱了思辨的羁绊,走上了实验研究的道路。

2. 机能主义学派

机能主义学派认为意识不是个别心理元素的集合,而是川流不息的过程。意识是个人的、永远变化的、连续的和有选择的整体,即"意识流"。心理学要研究个体适应环境时的心理,即意识的作用与功能。运用现象学方法,对意识进行真实的描述。机能主义学派反对把心理学只看作一门纯科学,重视心理学的实际应用,推动了心理学向实践的发展。

3. 行为主义学派

行为主义学派的代表学者有一句名言,"给我一打健康的婴儿,一个由我支配的特殊环境,让我在这个环境里养育他们。我可以担保:任意选择一个,不论父母才干、倾向、爱好如何,父母职业及种族如何,我都可以按照我的意愿把他们训练成任何一种人物——医生、律师、艺术家、大商人,甚至是乞丐或强盗。"该理论的基本观点是:心理学应研究行为而不是意识,其目的是寻找预测和控制行为的途径,同时认为行为不是遗传造成的,而是环境因素影响的结果。

4. 格式塔学派

格式塔学派在德文中的意思是"整体"。因此,该学派主张心理的整体性,强调心理作为一个整体、一个组织的意义。整体不能还原为各个部分、各个元素的总和;部分相加不等于整体,整体大于部分之和,整体先于部分而存在,并制约着部分的性质和意义。例如,一首乐曲包含许多音符,但它不是各个音符的简单结合,因为一些相同的音符可以组成不同的乐曲,甚至可能成为噪音。因此分析个别音符的性质,并不能了解整首乐曲的特点。

5. 精神分析学派

精神分析学派认为,一切个体和社会的行为都会受到潜意识的影响,都根源于内心深处的某种欲望或动机。欲望以潜意识的方式支配人,并表现在正常和异常的行为中。欲望和动机受到压抑是导致精神疾病的重要原因。精神分析学派重视动机的研究和潜意识现象的研究,而后来的新精神分析学派更强调社会因素对精神疾病和人格发展的影响。精神分析的冰山图如图1-3所示。

■ 图1-3
精神分析的冰山图

6. 人本主义学派

人本主义学派既反对行为主义学派把人等同于动物,只研究人的行为,不理解人的内在本性,又批评有的学者只研究神经症和精神病人,不考察正常人心理,因而被称为心理学的第三种力量。该学派强调人的尊严、价值、创造力和自我实现,把人的本性的自我实现归结为潜能的发挥,而潜能是一种类似本能的性质。人本主义学派最大的贡献是看到了人的心理与人的本质的一致性,主张心理学必须从人的本性出发研究人的心理。

7. 认知心理学派

认知心理学派认为人是信息加工者,具有丰富的内在资源,并能利用这些资源与环境发生相互作用、积极的有机体。环境提供的信息固然重要,但它是通过支配外部行为的认知过程对其加以编码、存储和操作,进而影响人类行为的。

在历史发展过程中出现的诸多心理学学派,每个学派都有自己的研究对象和方法以及历史意义。

心理阅读 1-5

童年失忆症

好像大家都有这样的经历:爸妈调侃起自己小时候的趣事,但是自己常常会想,"我为什么就一点也想不起来了呢?"看着自己儿时的照片,自己会很陌生,我小时候长成这个样子吗?心理学将这种现象称为"童年失忆症"。

如果让大家回想自己最早的记忆,想想那时的自己大概有多大,没有人会记得自己在母亲肚子里是什么样的,或者记得自己刚生下来的事情。大部分人对自身真实的记忆都始于三四岁。到底是什么导致了我们的"失忆"呢?按现代认知心理学中信息处理理论的解释,人在三岁以前并非没有长期记忆。只是因为幼儿在当时对信息进行处理时,尚不能使用语言作为心理表征的工具,即未将语言的声码、形码、意码输入到长期记忆之内,长期记忆中自然就无法储存语言信息,因而不能用语言去检索记忆以回答问题。

二、心理学的研究领域

(一) 根据研究目的划分

根据研究目的划分,心理学分为基础心理学和应用心理学,如图 1-4 所示。

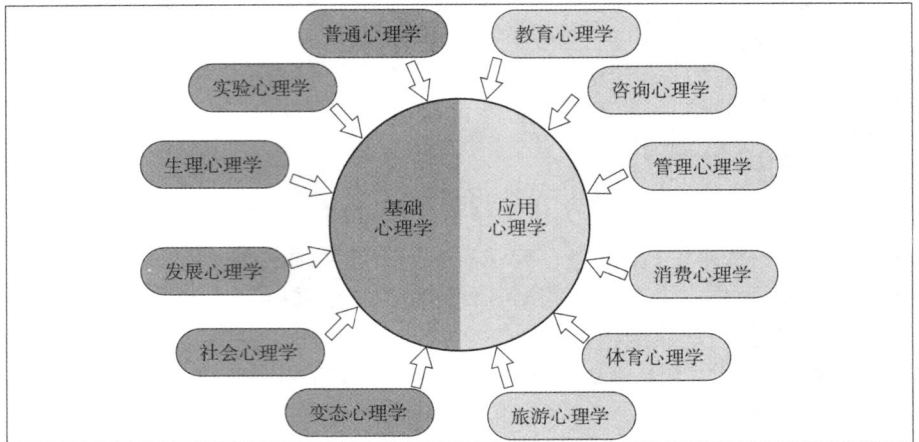

■ 图 1-4

根据研究目的划分的心理学学科分类

1. 基础心理学

基础心理学揭示各种心理现象之间的关系以及心理现象与客观现实之间相互联系的规律。主要分支有普通心理学、实验心理学、生理心理学、发展心理学、社会心理学、变态心理学等。

2. 应用心理学

应用心理学把基础心理学揭示的基本规律应用于人类社会生活的各个方面,并探索在各个社会实践领域中心理活动的具体现象及其规律。主要分支有教育心理学、咨询心理学、管理心理学、消费心理学、体育心理学、旅游心理学等。

(二) 根据研究领域划分

根据研究领域划分,心理学形成了许多分支学科。

1. 根据研究对象的主体划分

根据研究对象的主体划分,心理学可分为发展心理学、变态心理学、病理心理学、犯罪心理学、教师心理学、儿童心理学、青年心理学、老年心理学等。

2. 根据研究的实践领域和具体内容划分

根据研究的实践领域和具体内容划分,心理学可分为教育心理学、社会心理学、工业心理学、军事心理学、医学心理学、运动心理学、文艺心理学、商业心理学、管理心理学等。

3. 根据心理现象的范畴划分

根据心理现象的范畴划分,心理学可分为感知心理学、记忆心理学、思维心理学、言语心理学、情感心理学、意志心理学、个性心理学等。

4. 根据心理学的方法和技术划分

根据心理学的方法和技术划分,心理学分为实验心理学、咨询心理学、心理测量学、心理统计学、心理治疗学、心理卫生学等。

高速铁路旅客服务是整个行业对外的"窗口"。除了基本服务外,服务质量的提高需要了解旅客的心理特点和需求,这样才能真正做到以旅客为中心,提升服务满意度。本书就是依据心理学的理论对旅客心理特点进行分析,使高铁旅客服务切合旅客心理特点与需求,以此提高服务效率与质量。此外,对客运服务人员的心理调压和激励也是本书的研究内容。

心理阅读 1-6

心理学家的工作内容

心理学家既是人的心理的研究者,也试图通过心理干预,调整人的行为。

生理心理学家通过研究人类或动物个体的大脑来判断心理的大脑机制,如大脑在加工不同语言时的激活区域;发展心理学家通过研究人的毕生发展,以了解人的心理发展特点,如了解哪些因素会影响个体的职业成就;临床心理学家通过心理咨询让来访者摆脱心理痛苦;康复心理学家通过行为训练方法让自闭症儿童掌握生活技能;人格心理学家研究如何测量出一个人真实的个性。

学习该课程之后,我们也可以成为了解旅客心理的专家,更深入地了解旅客行为背后的心理成因。

练一练

请观察图 1-5 和图 1-6,你看到了什么?

■ 图 1-5
投射测验

■ 图 1-6
双关图

投射测验

有心理学家认为,人的潜意识包含了许多欲望和冲动,它们是不为社会所接受的,常常被压抑起来。然而,这些潜意识正是打开心结的钥匙、缓解焦虑的良药。因此,人们希望运用投射测验诱发病人潜意识里的内容。

投射测验采用一些模棱两可的图片、词汇,或者以实物作为材料,要求受试者回答图片中是什么,或者讲述图画中的内容。例如,心理咨询师要求来访者讲述"当我还是个孩子的时候,我的父亲……"。根据来访者对模糊刺激的多次反应,心理咨询师可以判断他们的心理症结,制定治疗方案。

第一个正式的投射测验工具于1921年首次出现。此后,一些新的投射测验也相继出现,如主题统觉测验(TAT)、戏剧创作测验、臧氏投射测验等。这些投射测验都有一个基本假设:行为的决定因素来源于个体的潜意识。正如一位心理学研究者提到的一句话,"每一个人都有一些事情是他知道,并且愿意告诉别人的;也有一些事情是只有他自己知道,但不愿意让别人知道的;还有一些事情是他自己不知道,也没法讲给别人听的。"

同步思考

相同的客观事物,不同的观察结果,这对你理解高速铁路旅客服务有什么启发呢?

实践训练

探索生活中的心理现象

1. 实训目标

(1)使学生结合实际,加深对生活中心理现象的认识与理解;

(2)培养学生探索心理现象的好奇心,学会使用研究方法进行探索。

2. 实训内容

以小组为单位进行讨论(将6~8个学生设置为一个小组,实训中都以固定小组为单位)。

(1)探索讨论日常生活中存在哪些具体的心理现象?

(2)试想在高速铁路旅客服务中会存在哪些心理现象?

(3)如何运用研究方法对心理现象进行有效探索? 请举例说明。

3. 实训考核

(1)每组提交一份讨论报告;

(2)各组制作一份演示文稿(PPT),在课堂进行汇报;

(3)根据各组讨论报告及汇报表现进行评分。

思考题

1. 什么是心理学?

2. 心理现象包括哪些内容?

3. 请阐述心理学的研究方法。

模块二

高速铁路旅客服务与心理学

◎ 学习目标

1. 理解服务的概念和质量差距模型；
2. 掌握高速铁路旅客服务中的服务要求；
3. 了解高速铁路旅客服务心理学的学习意义。

❀ 内容结构

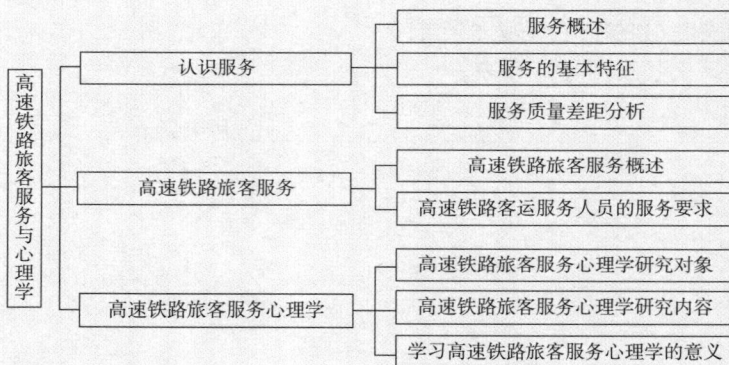

⚛ 课前导学

案例 2-1

高速铁路"微服务"，温暖回家路

2019 年的春运，铁路部门提出了"平安春运、有序春运、温馨春运，让旅客体验更美好"的目标。其中，"让旅客体验更美好"的目标让人眼前一亮，在保证旅客安全正点到达的基础上，中国铁路对旅客服务质量提出了更高的要求。

让一位旅客体验更美好容易，但是让数亿名旅客体验更美好可不是一件易事。据粗略统计，2019 年春运铁路发送旅客 4.13 亿人次，同比增加 8.3%，日均发送 1 033 万人次。出行的人次增多，出行的感受也在发生着可喜的变化。铁路部门在利用高新科技提升春运服务的同时，还使尽浑身解数做好高速铁路"微服务"，不仅要让每名旅客安全到达，更要让每名旅客拥有更加良好的乘车体验。

高速铁路"微服务"中的"微"不是微小的"微"，而是细致入微的"微"。从旅客的切身感受出发，解决旅客的出行难题、畅通旅客的回家之路、丰富旅客的乘车之旅、提升旅客的乘车感受，这就是在 2019 年春运出行更美好目标下推出的高速铁路"微服务"。

春运期间，全国有 23 万名青年志愿者，在 2.3 万个岗位开展志愿服务。以北京西站为例，春运期间的志愿服务队伍超过 2 000 人，平均每天参与志愿服务的有 380 人次。志愿者以精准的"微服务"，解决旅客的出行难题、畅通旅客的回家之路。

春运期间，铁路部门广泛开展特色文化活动，像"文化送一线、春联进万家"志愿服务、列车车厢联欢会、复兴号上音乐会等精彩活动，丰富了旅客的旅途生活，提升了旅客的乘车感受，增进了旅客和铁路部门之间的理解，充分体现了"人民铁路为人民"的服务宗旨。

春运期间，铁路部门在热门线路上增开多辆临客列车，以满足大量旅客的出行需求。担乘临客任务的列车员大多是临时抽调自铁路各部门的工作人员，通过严格的培训、体检和考试方能上岗。他们放弃了节日与家人团聚的时光，坚守在每一列临客列车上，用心守护着万千旅客温馨喜悦的回家之旅。

不忘初心，人民铁路。春运是数十万铁路人的大考，保证旅客平安、有序、温馨出行，是最基本的要求，走心"微服务"让旅客感受更美好的乘车体验，温暖每一名旅客的回家之路。

同步思考

(1) 高速铁路上还可以提供哪些"微服务"？

(2) 温暖贴心的服务会给旅客带来哪些心理感受？相关资源见二维码。

高速铁路旅客服务

单元一

认识服务

一、服务概述

有的协会将服务定义为："用于出售或者是同产品连在一起进行出售的活动、利益或满足感。"

有的学者将服务定义为："一方提供给另一方的不可感知且不导致任何所有权转移的活动或利益,它在本质上是无形的,它的生产可能与实际产品有关,也可能无关。"

我国国家标准《服务标准化工作指南》(GB/T 15624—2011)中对"服务"下的定义为："服务提供者与顾客接触过程中所产生的一系列活动的过程及其结果,其结果通常是无形的。"

《现代汉语词典》(第7版)有关"服务"词条的解释为："为集体(或别人)的利益或为某种事业而工作。"也就是说,服务就是为人方便所进行的工作。从服务的有关定义可以看出,其具备以下三层含义。

(1)服务是围绕顾客进行的,目的是满足顾客的实际需要。

(2)服务要与顾客有所接触,如人员之间或人员与物之间的接触。

(3)服务的内容是服务提供方的一种活动。服务产生于人、设备、设施与顾客之间的相互作用,并由此形成一定的活动过程。

二、服务的基本特征

1. 无形性

无形性是服务最为显著的一个特征,服务的本质是无形无质的。尽管旅客在旅行的过程中能看到火车、车站和服务人员,但这些有形实体并不是服务的本质。服务的本质是旅客的位移服务,这是无形的,是需要在服务过程中体验和感受的。

2. 差异性

服务无法像有形产品那样实现标准化,每次服务带给顾客的体验、顾客感知的服务质量都可能存在差异。一是服务人员的原因,如心理状态、服务技能、努力程度等,即使同一服务人员提供的服务在质量上也可能会有差异;二是顾客的原因,如知识水平、兴趣爱好等也直接影响服务的质量和效果;三是服务人员与顾客间相互作用的原因,即使是同一服务人员向同一顾客提供的多次服务之间也可能存在差异。

3. 不可分离性

服务的过程必须是服务的提供者与消费者同时参与，也就是说服务人员向顾客提供服务时，也正是顾客消费服务的时刻。旅客只有在选择高铁出行时才能享受到相应的高速铁路旅客服务。

4. 不可储存性

服务产品因无形而无法像有形产品那样进行储存。仓储货运、客运、旅游以及其他任何服务，都无法在前一年生产、储存起来，然后在下一年进行销售或消费。

5. 与所有权转移无关

在服务的生产和消费过程中不涉及任何东西的所有权转移。例如，旅客购买车票，从北京去往上海，路途中使用的火车、提供服务的客运服务人员及车站这些实体所有权并没有转移给旅客，他们仅仅是提供服务过程的工具或载体。

6. 利他性

服务不是自产自足的活动，不是为满足自己或家人朋友需要的活动，而是为满足他人需要开展的活动。例如，自己做家务不是服务，而家政服务人员为他人提供的是家政服务。

案例 2-2

打造"醉美"冰雪高铁旅行线

2019 年 4 月 3 日，哈尔滨至牡丹江高铁开通运营满 100 天，累计开行动车组列车约 2 900 列次，安全运行 85 万公里，运送旅客 206 万人次。哈牡高铁途经中国雪乡、亚布力滑雪场等冰雪旅游景区，尽显"醉美"冰雪高铁旅行线的独特风光。

哈牡高铁是我国"八纵八横"高速铁路主通道最北"一横"的重要组成部分。中国铁路哈尔滨局集团有限公司对动车组列车进行了 16 项防寒改造，采用"数字高铁""智能化融冰除雪""风雪预警"等高科技手段，确保哈牡高铁通过极寒考验，实现安全运行。

哈牡高铁的开通运营把中国雪乡、雪谷、亚布力滑雪场等景区串成了一条冰雪旅游链，吸引全国各地游客乘坐高铁赏冰玩雪。哈尔滨局集团公司打通运输"最后一公里"，联合雪乡、黑龙江龙运(集团)公司推出公铁联运服务。在新建的横道河子东站、海林北站等雪乡邻近高铁站前设置大巴换乘点，游客下车后可直接乘坐大巴直达雪乡景区，使高速铁路与公路的接续更为紧密，满足旅客不同时段的出行需求，有效助推黑龙江冰雪旅游经济发展。

三、服务质量差距分析

(一)服务质量的概念

服务质量是指服务能够满足规定和潜在需要的特征与特性的总和,是指服务工作能够满足被服务者需求的程度,是企业为使目标顾客满意而提供的最低服务水平,也是企业保持这一预定服务水平的连贯性程度。

无论是有形产品的生产企业还是服务业,服务质量都是企业在竞争中制胜的法宝。服务质量的内涵与有形产品质量的内涵有所区别,顾客对服务质量的评价不仅要考虑服务的结果,还涉及服务的过程。

(二)服务质量要素

服务质量要素包括可靠性、响应性、保证性、移情性和有形性五个方面。

1. 可靠性

可靠性是指可靠、准确地履行服务承诺的能力。可靠的服务行为是顾客所期望的,意味着服务要以一定的方式、无差错地准时完成。

2. 响应性

响应性是指为顾客迅速有效地提供服务的能力。服务传递的效率还从侧面反映了企业的服务质量。

3. 保证性

保证性是指员工所具有的知识、礼节以及表达出自信和可信的能力。服务质量的保证性能增强顾客对企业服务质量的信心和安全感。当顾客与一位友好、和善并且学识渊博的服务人员打交道时,他会认为自己找对了公司,从而获得信心和安全感。友善的态度和胜任能力是缺一不可的。服务人员缺乏友善的态度会使顾客感到不快,而如果他们的专业知识不足也会令顾客失望。

保证性的衡量标准包括完成服务的能力,对顾客的礼貌和尊敬,与顾客有效地沟通,将顾客最关心的事放在心上的态度。

4. 移情性

移情性是指设身处地为顾客着想并且对顾客给予特别的关注。移情性包括接近顾客的能力、敏感性和有效地理解顾客需求。

5. 有形性

有形性是指有形的设施、设备、人员和沟通材料的外表。有形的环境是服务人员对顾客细致的照顾与关心的有形表现。

顾客从这五个方面将预期的服务和接受的服务相比较,最终形成自己对服务质量的判断。期望与感知之间的差距是服务质量的量度,从满意度看,既可能是正面的,也可能是负面的。

(三)服务质量差距模型及其意义

1.服务质量差距模型

测量服务期望与服务感知之间的差距,是服务企业了解顾客反馈的经常性过程。

服务质量差距模型如图 2-1 所示。该模型又称为 5GAP 模型,专门用来分析质量问题的根源。服务质量差距分析模型显示,服务质量有五大差距。

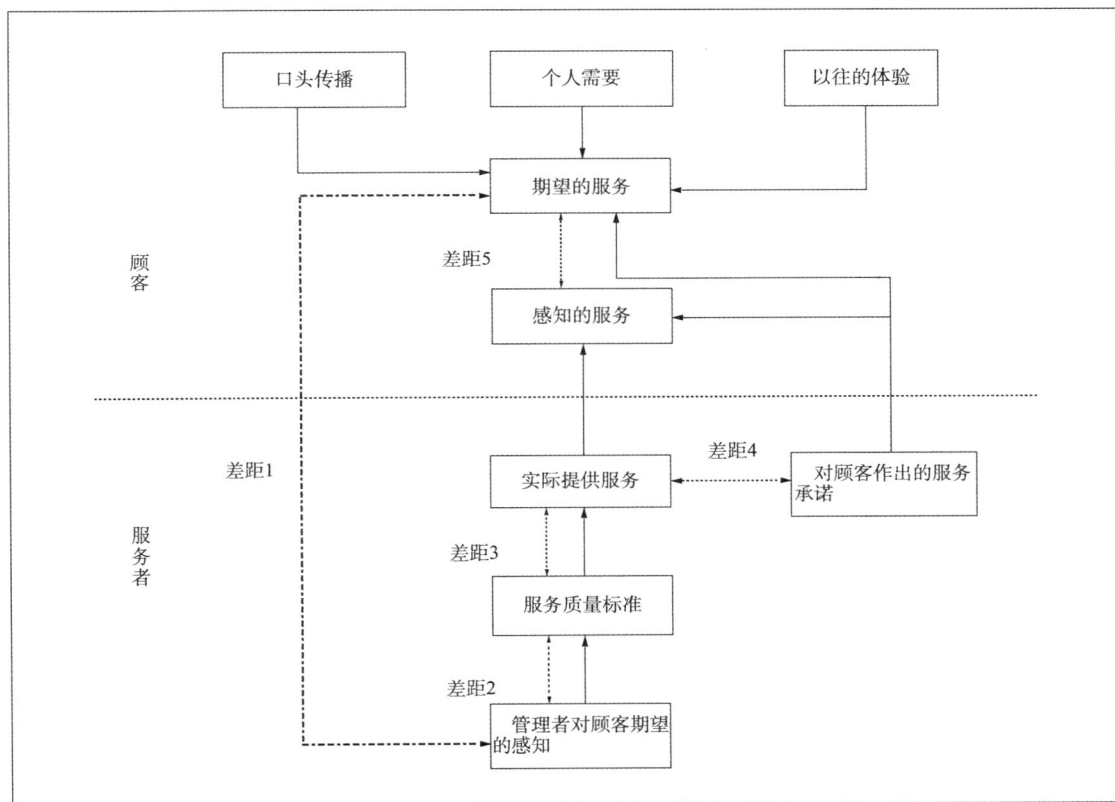

■ 图 2-1

服务质量差距模型

(1)差距 1:认知差距。认知差距即顾客的期望与管理者对这些期望的感知之间的差距。

(2)差距 2:标准差距。标准差距即管理者对顾客期望感知与管理者制定的服务质量标准之间的差距。

(3)差距 3:服务质量规范差距。服务质量规范差距即服务质量标准与实际提供的服务之间的差距。

(4)差距 4:宣传差距。宣传差距即实际提供的服务与对外宣传(对顾客作出的服务承诺)之间的差距。

（5）差距5：感知差距。感知差距即顾客对服务的期望与实际的服务感知之间的差距。

服务质量差距模型指出,感知差距(差距5)即顾客期望与顾客感知的服务之间的差距是差距模型的核心。要弥合这一差距,就要对其他四个差距进行弥合。

差距1：不了解顾客的期望。

差距2：未选择正确的服务设计和标准。

差距3：未按标准提供服务。

差距4：服务传递与对外承诺不相匹配。

服务质量差距越大,顾客对企业的服务质量就越不满意。因此,服务差距分析可以作为复杂服务过程控制的起点,为改善服务质量提供依据。

2.服务质量差距模型的意义

（1）缩小管理者认知的差距(差距1)：该差距指管理者对顾客期望的服务质量感觉不明确。改善措施有以下三种。

①准确把握市场需求信息；

②使用准确分析数据的方法；

③加强企业管理者与顾客之间的互动。

（2）缩小质量标准差距(差距2)：该差距指服务质量标准与管理者对顾客期望的认识不一致。改善措施有以下三种。

①明确服务质量管理目标；

②统一管理层对顾客期望的认识；

③设立专门机构管理和制定服务质量标准。

（3）缩小服务质量规范差距(差距3)：该差距指在服务生产和交易过程中员工的行为不符合服务质量标准。改善措施有以下两种。

①制定容易理解执行的服务质量标准；

②用技术手段代替部分分工服务。

（4）缩小宣传差距(差距4)：该差距指营销沟通行为做出的承诺与实际提供的服务不一致。改善措施有以下三种。

①确保承诺的信息与实际相一致；

②对顾客不盲目许诺；

③慎重使用传播宣传用语。

（5）缩小期望的服务质量与感知的服务质量的差距(差距5)：该差距指感知或经历的服务与期望的服务不一样。这会导致顾客消极的质量评价,影响企业形象导致业务减少等后果。要提高感知服务质量应从其他四个方面的服务质量差距着手,尽力缩小差距,使顾客满意。同时,由于这些差距难以完全避免,进行及时的服务补救也是提高服务水准的重要途径。因此,服务质量模型的意义在于为企业指明提高服务质量的方向。

案例 2-3

"五勤"服务法,温暖旅客心

从 1997 年踏上客运战线那天起,南昌客运段动车一队列车长倪莉霞就立志要干好本职工作。倪莉霞不断摸索、积累,总结出了"五勤"服务法,即眼勤(认真观察、主动服务),耳勤(听取旅客意见、改进工作方法),嘴勤(宣传乘车常识),手勤(扶老携幼),腿勤(为旅客排忧解难)。

面对来来往往的旅客,她主动提供服务,介绍列车设施使用方法,提示旅客安全文明乘车,观察旅客动态,提前预测旅客需求,并有针对性地开展服务。行程即将结束时,她还会询问旅客的感受和意见,及时改进和提高服务质量。

每当《回家》的旋律在列车上响起,就意味着列车即将驶抵终点站,一天十几个小时的值乘工作即将结束。但在倪莉霞看来,旅途有终点,服务永远没有终点:"只要穿上铁路制服,佩戴上闪闪发亮的党徽,就要继续为旅客创造温馨舒适的旅途。"

单元二

高速铁路旅客服务

一、高速铁路旅客服务概述

(一)高速铁路旅客服务的概念

从狭义的角度看,高速铁路旅客服务就是通过客运服务人员向旅客提供一定的劳务活动,即提供安全、迅速、舒适的服务,满足其在旅行中的愿望和旅行生活方面的需要。同时,高速铁路旅客服务还有下述更丰富的内涵。

(1)从广义角度看,高速铁路旅客服务不仅单纯涉及服务技巧,还包括铁路运输企业所提供的各项设备设施,是有形设施和无形服务共同组合而成的有机整体。

(2)从旅客的角度看,高速铁路旅客服务是旅客在消费过程中所感受到的一切行为和反应。这可以说是一种经验的感受,也可以说是铁路运输企业及服务人员的表现给他们留下的印象和体验。

(3)从铁路运输企业的角度看,高速铁路旅客服务的本质是服务人员的工作表现。这是铁路运输企业提供给旅客的无形产品。

(二)高速铁路旅客服务的分类

铁路旅客服务分为硬件服务和软件服务两大类。

(1)硬件服务是指物的因素,即铁路的物质环境。它主要包括:车站的建筑外形、设施设备,如自动售票机、检票闸机、广播设备、导向标识、卫生间设施、候车座椅等。如图 2-2 所示。

a)   b)

■ 图 2-2

车站站内环境

（2）软件服务是指人的因素，指的是客运服务人员为旅客提供的服务，也就是客运服务人员利用硬件设施并通过仪容仪表、姿态、语言、动作、表情、行为举止所表现出来的对旅客的欢迎、尊重、友好、关注；体现出的是客运服务人员本身严格认真的服务精神、旅客至上的服务意识、热情周到的服务态度、丰富的服务知识、灵活的服务技巧、快捷的服务效率等，如图2-3所示。

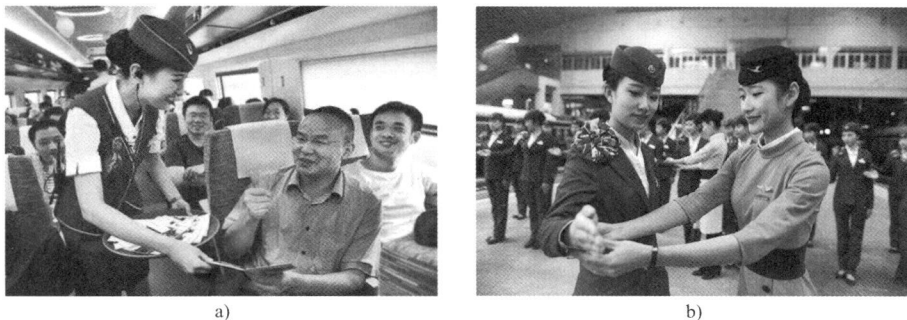

a)　　　　　　　　　　　　　　　b)

■ 图 2-3
客运服务人员提供优质服务

（三）高速铁路旅客服务主要内容

高速铁路旅客服务主要包括车站和列车服务工作两类。

（1）车站服务工作主要有：票务服务、候车室服务、问询处服务、旅客乘降服务、广播宣传服务、小件寄存及卫生服务等。

（2）列车服务工作内容主要有：车厢服务、列车广播服务和餐车供餐服务等。

客运服务不仅应最大限度地满足旅客旅行过程中的物质需要，还应坚持全面服务、重点照顾的原则，提供让旅客满意的高品质服务。

二、高速铁路客运服务人员的服务要求

（一）高速铁路客运服务人员的基本要求

"服务"的英文是"service"，它的每个字母都有丰富的内涵。

（1）S——smile（微笑）：高速铁路客运服务人员应该对每一位旅客提供微笑服务。

（2）E——excellent（出色）：高速铁路客运服务人员应将每一服务程序、每一微小服务工作都做得很出色。

（3）R——ready（准备好）：高速铁路客运服务人员应该随时准备好为旅客服务。

（4）V——viewing（看待）：高速铁路客运服务人员应该将每一位旅客都看作需要提供优质服务的贵宾。

（5）I——inviting（邀请）：高速铁路客运服务人员在每一次接待服务结

束时,都应该显示出诚意和敬意,主动邀请旅客再次乘坐。

(6)C——creating(创造):高速铁路客运服务人员应该想方设法,精心创造出使旅客能享受其热情服务的氛围。

(7)E——eye(眼光):高速铁路客运服务人员始终应该以热情友好的眼光关注旅客,察觉旅客心理,预测旅客要求,及时提供有效的服务,使旅客时刻感受到服务人员在关心自己。

案例 2-4

微笑服务化解旅客焦躁情绪

××年1月29日,由郑州客运段广州二队3组担当的列车运行在郴州至韶关东途中,因特殊原因列车开始断断续续临停、慢行、待避车,列车到达韶关东时,晚点将近两个小时,韶关东开车后,依然出现临停、慢行和待避车的情况。

经和广州铁路局集团有限公司客调联系,28号广州暴雨造成广州车站积压列车太多,情况很不乐观。列车长姜亚鸽立即启动晚点应急预案,迅速安排乘务人员进行换班,并和另一名列车长张丽娜到车厢安抚旅客情绪。时间一分一秒在流逝,列车还是停在原地纹丝不动,仅在银盏坳一个小站就停了三个多小时,旅客情绪非常不稳定,三个车厢已经没水了,多个积便式卫生间因为无水冲洗已经无法使用,个别旅客出现了过激言行。

面对这样的情况,列车工作人员始终面带微笑,逐节车厢向旅客致歉、告知宣传晚点和车厢无水或缺水的原因,理性疏导大家的情绪,使旅客正面理解列车晚点情况,并有序引导无水车厢的旅客到有水车厢如厕。岗位乘务员加强车内巡视,积极做好车内卫生和开水供应,尤其是三个无水车厢乘务员,到临近车厢接开水做好车内重点旅客的开水供应。餐车做好餐饮供应。列车广播做好宣传引导。

走到硬座车厢时,有一对双胞胎兄弟一直哭闹不止,奶奶哄不住又心疼孙子,也在车厢里大哭。两位列车长看到后,就一人抱一个孩子邀请祖孙三人来到餐车,给他们端来了开水,喂孩子慢慢喝下。经观察,两个小孩子穿衣过厚,背上都是汗,适当减衣后,孩子们逐渐停止了哭闹。列车长试探着和小孩子做游戏,最后孩子们都破涕为笑。

夜幕降临,旅客烦躁的情绪逐渐平稳,车厢里穿梭着忙碌的列车工作人员,悠扬的音乐在耳边回荡着……在万千期待中,K755次列车于23:11分到达广州车站,晚点九个小时。当千余名旅客终于到达目的地下车后,列车乘务员还要快速做好卫生清理、卧具整备及车容整理工作,为广州K756次列车始发放行做好一切准备。不论列车如何晚点,工作人员都始终坚守在岗位上,尽职尽责,为旅客出行做好服务。

（二）高速铁路客运服务人员的综合素质要求

1.思想素质

（1）热爱祖国,热爱铁路事业,热爱本职工作。

（2）遵守国家法律、法规和铁路行业管理规章制度,自觉维护旅客和企业合法权益。

（3）尊重旅客的民族习俗和宗教信仰,对不同种族、国籍、民族的旅客一视同仁。

（4）有高度的工作责任心,诚实守信,敬业爱岗,忠于职守。

（5）爱护站、车设施设备,不占有、浪费服务备品和餐饮供应品,廉洁自律,公私分明。

（6）尊老爱幼,谦虚谨慎,真诚热情,努力树立站、车工作人员良好形象。

2.业务素质

（1）勤奋学习,钻研业务,有较高的文化素养和较全面的专业知识。

（2）能运用普通话,熟练掌握常用英语对话,具备良好的语言表达和文字写作能力。

（3）了解旅客的不同心理需求及心理特点,掌握相应服务技巧。

（4）熟知作业程序和标准,熟练使用服务设施设备,能为旅客提供及时、准确的服务。

（5）熟知安全措施和应急预案,熟练使用安全设施设备,具备妥善处理突发事件的应急、应变能力。

3.心理素质

（1）了解旅客的不同心理需求及心理特点,掌握相应的服务技能和技巧,主动热情地开展工作。

客运服务人员即使在旅客暂不需要服务时,也要眼观六路、耳听八方,心里想着旅客、眼里看着旅客。优秀的客运服务人员往往能够在旅客尚未发出"请提供服务"的信息之前就能主动服务。除此之外,客运服务人员要保持持久的热情。以积极热情的态度面对每一位旅客。服务态度决定了服务质量和服务效果。

（2）能正确看待个人挫折,做到荣辱不惊、处变不乱,能够有礼、有利、有节地处理问题。

作为一名优秀的客运服务人员,应善于调整自己的情绪、疏解自己的情绪、管理自己的举止,不论与哪种类型的旅客接触或发生问题,都能够做到镇定自若,不失礼于人。当旅客有不满情绪时,往往会对客运服务人员提出批评,这种批评可能会在不同场合以不同方式提出来。当旅客在公开场合对客运服务人员疾言厉色时,往往会使客运服务人员难以接受。遇到这种情况,客运服务人员首先需要冷静,不要急于与之争辩,切不可针锋相对,使矛盾激化、难以收拾。如果旅客无理取闹,可以交给相关部门或人员处理。当旅客不礼貌时,更要做到有礼、有利、有节地解决问题。

列车就是一个社会,各种各样的人都有,各种情况和突发事件随时都有可能发生,这也要求客运服务人员具有处变不乱的能力,能应对各种突发状况。客运服务人员应熟知各类应急处置预案,培养良好的心理素质。

案例 2-5

落坡岭的温暖

2023 年 7 月 30 日,受台风"杜苏芮"的影响,京津冀地区持续强降雨,导致北京丰台至沙城铁路(丰沙线)遭遇严重水害。暴雨如注、山洪汹涌,列车被迫滞留北京门头沟落坡岭站三天三夜。列车上的水和食物不多,乘务人员组成党员突击队,冒雨徒步前往周边采购。车长召开紧急会议,要求乘务员首先自身的情绪要稳定,不能把急躁情绪带给旅客。中国铁路呼和浩特局包头客运段列车员赵阳紧急时刻,真情安抚旅客:"我就是因为穿了这身衣服,必须对得起大家,千万不要拥挤,避免发生危险。""有党,有国家,有政府在,每一个乘客都落不下,大家放心好了……" 8 月 1 日下午,地面救援人员陆续到达。截至 8 月 3 日凌晨,因暴雨受困三天的旅客全部安全抵达北京丰台站,现场图片如图 2-4 所示。

■ 图 2-4
现场图片

高速铁路旅客服务心理学

高速铁路旅客服务心理学是心理学的分支学科,是心理学基本理论和方法在铁路客运服务中的应用与发展。高速铁路客运服务心理学主要针对客运服务的行业特点,利用心理学的规律,更好地了解和把握旅客的心理特点,以便提供更好的客运服务。

一、高速铁路旅客服务心理学研究对象

高速铁路旅客服务心理学研究的对象是人:一是客运服务的对象,即旅客;二是客运服务的提供者,即客运服务人员。

(一)从客运服务对象角度看

高速铁路旅客服务心理学是从一个人是否有旅行需要的角度定义旅客的概念:一个社会个体,从其产生旅行需要开始到其旅行需要消失为止的整个期间,此个体都是铁路客运服务业的服务对象,即旅客。根据这一定义,具有旅行需要的一切社会中的个体,无论其旅行需要是否成为现实,只要他有旅行需要,就是一位旅客。在旅客旅行需要的产生到旅行需要消失的整个过程中伴随的心理现象,就是高速铁路旅客服务心理学研究的核心内容。

客运服务产品的加工和生产过程,就是对旅客的心理现象及其变化规律进行剖析,使旅客的旅行心理需要得到满足的过程。心理需要的满足程度,反映了客运服务质量的高低。因此,从服务对象角度讲,掌握旅客旅行心理活动与需要,使旅客旅行需求得到满足,是客运管理的核心内容。

(二)从运输服务业角度看

1.运输服务企业的行为就是人的行为

人是运输服务的直接提供者,运输企业要靠人来实现企业的目标,即使是在社会管理中,最主要的管理仍然是由人来实施对人的管理。虽然科学技术的发展促使高科技产品在运输服务中得到了普遍应用,但设计和使用这些产品的仍然是人。如何使高科技产品在运输服务中发挥作用,从而最大限度满足旅客旅行的需要,取决于规划者、设计者以及使用者对旅客旅行心理需要的掌握程度。因此,研究运输服务中人的心理行为规律,调动人的积极性,

提高运输服务水平,是运输服务企业管理的主题。

2. 人是运输服务企业的首要资源

从现代企业管理的角度来看,企业中人、物资源中,人是最重要的资源。在现代科学技术发展中,重视人的因素、发挥人的主动精神、挖掘人的潜在能力是极为重要的。因此,铁路旅客服务心理学的研究对象是人,着重研究人的心理行为,将对充分运用人力资源起到重要作用。

3. 人是运输服务企业管理的主体

现代企业管理的特点是强调以人为本,以人为中心,科学技术越发达,就越要重视人的因素,建立以人为中心的管理制度。因此,人是高速铁路旅客服务心理学研究的对象,研究运输服务企业中人的心理活动的规律性、人的行为模式等方面的问题,有助于企业更加充分地了解人的心理规律,使企业能在科学分析的基础上采取科学的管理方法,促使运输服务企业管理取得最佳的社会效益和企业效益。

二、高速铁路旅客服务心理学研究内容

(一)旅客心理

旅客是高速铁路客运服务的对象,其心理特点、心理需求影响着铁路客运企业的决策及服务导向。为提高服务质量,提高旅客的满意度,必须研究、了解、把握旅客的心理。

高速铁路旅客服务心理学主要研究旅客的社会知觉、旅客的服务需要与动机、旅客的个性及文化背景。掌握这些知识对于铁路客运服务人员把握服务尺度、提高服务效率是非常有必要的。

(二)高速铁路客运服务人员的服务技巧

高速铁路客运服务人员除了应具有坚实的理论知识外,在实际工作中还要不断总结、完善、提高自己的服务技能和技巧。铁路旅客服务心理学主要研究铁路客运服务人员与旅客的沟通技巧、客我交往技巧、语言技巧。高速铁路客运服务人员要在努力工作的同时,基于对旅客心理现象的观察研究,可以开发有效的服务技巧,提高工作效率和服务质量。

(三)高速铁路客运服务人员的心理素质

高速铁路客运服务人员的心理素质对运营的安全、旅客的安全、服务的质量有着至关重要的影响,同时在一定程度上影响着旅客的心理状态。高速铁路旅客服务心理学主要研究铁路客运服务人员心理素质的特点与内容,以及提高其心理素质、进行心理自助的途径与方法。具体内容包括压力的处理与应对、情绪的调节与控制、个性的完善与培养、人际关系的建立与发展等诸多方面。

三、学习高速铁路旅客服务心理学的意义

研究和掌握旅客在旅行过程中的心理活动,探索旅客在站、车各个环节和各种旅行环境中的旅行心理现象及其规律,根本的目的是提高服务质量,而服务质量的提高又在很大程度上取决于客运服务人员的个人素质和旅客运输企业的整体管理水平。具备和运用高速铁路旅客服务心理学知识,可以更好地了解旅客的心理需要,改进客运服务人员的服务方式,科学地采取各种服务措施,最大限度地满足旅客乘车旅行的需要。所以,学习高速铁路旅客服务心理学的作用主要体现在以下五个方面。

(一)提高客运服务的主动性

旅客出门乘车旅行出现的心理活动,是旅客在旅行过程中各种需要的综合反映。客运服务人员如果不了解旅客的旅行心理需要,不掌握旅客的心理活动,就难以满足旅客的需要、提供优质的服务,甚至可能提供的服务与旅客的需要相反。如果不了解旅客的心理,客运服务人员会处于被动状态,服务质量不高。

如果客运服务人员能够了解旅客心理,认识并掌握服务规律,办事和服务有规律可依,情况就会不一样。客运服务人员对运输服务过程中发生的人的心理状态变化要及时掌握,除了可以使自身的服务工作更加主动、灵活外,还能防止运输过程中意外事件的发生。

案例 2-6

"专八"男孩在岗记

英语专业八级的范广宸,是中国铁路哈尔滨局集团有限公司哈尔滨站英语最好的售票员,他能用一口流利的英语为外国友人服务。他下班后在售票车间办起了英语兴趣班,帮助每个班组培养英语人才。对待每一位需要帮助的外国友人,他都面带笑容、热情服务,积极耐心地为外国友人提供帮助,如图2-5所示。

■ 图 2-5
为外国友人服务

(二)提高客运服务的针对性

由于客运服务人员人数有限,不可能满足所有旅客表现出的和潜在的所有需要,因此,客运服务要有重点、有针对性地对重点旅客(需要提供特殊服务的旅客)提供令其满意的服务。有的客运服务人员虽然为旅客服务很主动,但是由于提供的服务没有针对旅客的需要,导致事与愿违。例如,希望在旅途中能够安静休息的重点旅客,其心理状态是不愿有人打扰,如

果客运服务人员总去问候,非但不会使旅客感激,反而会引发其反感,所以,服务工作不一定是越主动越好,还要讲究针对性,这样才能够收到事半功倍的效果。掌握旅客心理,探索服务规律,提供有针对性的服务,这些比主动性服务难度更大。有针对性的服务是主观努力和客观需要一致的服务,是把服务工作做到点子上。实现有针对性的服务,就必须了解、掌握旅客的心理需求。

(三)提高客运服务的周到性

周到与否是相对而言的,它既受旅客旅行心理需要满足水平的要求影响,又受环境、条件、时间等因素的制约,很难有具体的衡量尺度或者统一的标准。从概念上讲,能够实现客运工作标准的要求,能够最大限度地满足旅客在旅行中的心理需要,就可以称为周到的服务。

(四)树立正确的服务观

实现文明服务,礼貌待客,最根本的是客运服务人员要有正确的服务观,要对旅客有感情,对工作有责任心,如此才能在日常的服务工作中积极了解和掌握旅客的心理活动,了解旅客的困难,理解旅客"出门难"的心理状态。急旅客之所急、忧旅客之所忧,成为旅客的贴心人。有了正确的服务观和主动服务的思想,才能更好地为旅客服务。为使客运服务人员建立正确的服务观,要对客运服务人员的心理状况有实际的、细致的了解,并实施有针对性的心理管理。

案例 2-7

未婚的列车长秒变"奶爸"

高铁回家路上,总有温暖不期而遇。2020 年 1 月 10 日,在贵阳北开往南宁东的列车上,列车长陈凯在巡视车厢时,一位旅客突然拦住了他,问他有没有体温计。原来,旅客白女士独自带着两个小孩乘车从桂林去往南宁,一个小孩发烧了,急得不知如何是好的白女士向列车长求助。

了解情况后,陈凯赶紧拿来列车医药箱,帮助白女士为孩子测量体温,贴上退热贴。在白女士为发烧的大女儿忙上忙下时,无人照顾的小女儿在一旁开始哭闹,还越哭越大声。由于担心小婴儿这么哭会影响身体,也会干扰其他旅客,陈凯便小心翼翼抱起孩子,低声温柔地哄起来,这一抱将近 20 分钟。未婚的列车长秒变"奶爸",这一幕被旅客拍下发到网上,网友们纷纷点赞这位暖心的列车长,如图 2-6 所示。

■ 图 2-6
列车长变"奶爸"

(五) 提高客运管理的工作水平

客运管理工作是为旅客提供优质服务的基础。做好客运管理工作,提高服务质量,除了采取现代化的管理手段之外,更重要的是要体现全心全意为旅客服务的精神。一切客运管理办法、制度、措施、标准等的制定,都应该以国家的方针、政策、规章为依据,同时应充分考虑站、车的实际条件和旅客的需求。因而,了解与掌握旅客在旅行中的心理需要,探索服务规律,对照自己的服务工作考察符合需要的部分和有待改进的部分,是提高客运管理工作水平的重要方法。

实践
训练

高速铁路旅客服务中的旅客心理调查

1. 实训目标

(1)使学生结合实际,加深对高速铁路客运服务的了解;

(2)了解工作岗位中的服务要求,提升服务质量。

2. 实训内容

以小组为单位,调研以下内容。

(1)调查汇总在高速铁路客运服务工作中存在哪些具体的服务内容?

(2)在不同服务类别中,旅客更看重哪些服务? 会有哪些心理需求?

(3)哪些服务内容容易引发旅客不满? 为什么?

3. 实训考核

(1)每组提交一份调研报告;

(2)各组制作一份 PPT,在课堂进行汇报;

(3)根据各组调研报告及汇报表现,进行评分。

思考题

1. 高速铁路客运服务人员的基本要求是什么?

2. 高速铁路客运服务人员的心理素质要求有哪些?

3. 学习高速铁路旅客服务心理学的意义是什么?

用"心"服务

✣ 思政导语

中国共产党的根本宗旨是：全心全意为人民服务。我们要树牢群众观点，贯彻群众路线，坚持一切为了人民、一切依靠人民，从群众中来、到群众中去，始终保持同人民群众的血肉联系，始终接受人民批评和监督，始终同人民同呼吸、共命运、心连心。

模块三

高速铁路旅客感知觉心理与服务

◎ 学习目标

1. 理解感知觉的概念与特征；
2. 了解旅客感知觉的主要内容和影响因素；
3. 掌握感知规律在铁路客运服务中的运用。

❋ 内容结构

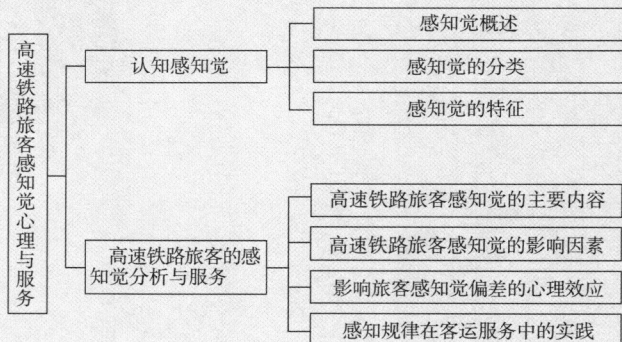

❁ 课前导学

我们的感官不断接受着光、形、色、声、嗅、味、触等刺激,许多心理学家以"感觉剥夺"实验论证了它们对于维持我们正常的身心机能的必要性。

第一个"感觉剥夺"实验的研究工作是在 1954 年进行的。研究者征募了一些大学生为被试,这些大学生每忍受一天的感觉剥夺,就可以获得一定的报酬。在实验中,这些被试的工作就像一次愉快的享受,因为实验者要他们做的只是每天 24 小时躺在有光的小房间里的一张极其舒服的床上,只要被试愿意,可以躺在那儿尽可能多的时间,以换取更多的报酬。

在实验的过程中,被试有吃饭、上厕所的时间。但除此之外,严格控制被试的任何感觉输入。为此,实验者给每一位被试戴上了半透明的塑料眼罩,可以透进散射光,但图形视觉被阻止了;被试的手和胳膊被套上了用纸板做的袖套和手套,以限制他们的触觉;同时,小房间中一直充斥着单调的空调的嗡嗡声,以此来限制被试的听觉。总之,外界的刺激几乎都被"剥夺"了,如图 3-1 所示。

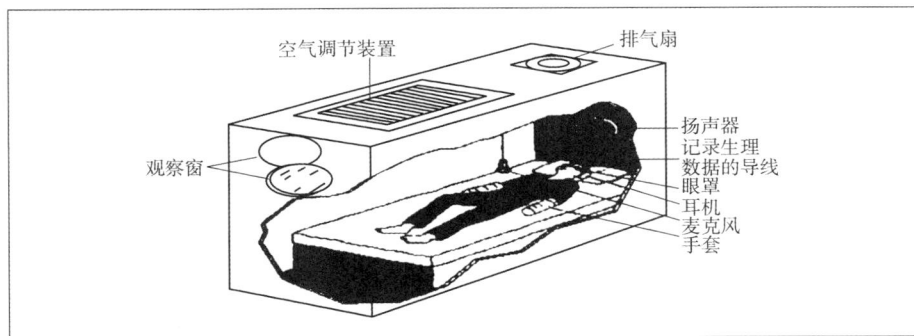

■ 图 3-1
感觉剥夺实验图示

参加实验的学生本以为这是一次安心睡大觉的机会,可利用感觉被剥夺后的清静安宁,思考学业或整理毕业论文的思路。但学生们不久就发现,他们的思维变得混乱无章,没忍受多久就要求立刻离开感觉剥夺的实验室,放弃每天的报酬。

实验后,学生们报告说,在实验过程中,他们对任何事情都无法做清晰的思索,哪怕是在很短的时间内。他们感觉自己的思维活动好像是"跳来跳去"的,连进行连贯性的集中注意和思维都十分困难。甚至在感觉剥夺实验过后的一段时期内,这种状况仍持续存在,使他们无法进入正常的学习状态。还有部分被试报告说,在实验中出现了幻觉,而且他们的幻觉大多都是很简单的,如有忽隐忽现的光,有昏暗但灼热的光等。只有少数被试报告说,体验到较为复杂的幻觉。如有一个被试报告说,他"看到"电视屏幕出现在眼前,并努力尝试着去阅读上面放映出的不清楚的信息,但怎么也"看"不清。

此后,许多学者采取了多种形式的研究方法,所有的实验都显示在感觉剥夺情况下,人会出现情绪紧张忧郁、记忆力减退、判断力下降,甚至出现各种幻觉、妄想等,最后难以忍受,要求立即停止实验,回到有丰富感觉刺激的生活中去。

可见,来自外界的刺激对维持人的正常生存是十分重要的。

同步思考

(1)你是否体验过某种感觉被"剥夺"的情境,结果如何?

(2)感觉在认识世界的过程中起着怎样的作用?

人们接收到外界的刺激,才能拥有各种感受和体验,大脑的发育以及人体机能的正常运转都建立在与外界环境接触的基础上。

认识感知觉

人们认识世界的过程是由感性到理性的过程,感觉和知觉是认识世界的开端,是构成认知过程的初级阶段。只有在感知的基础上,人们才能进行更高级的认知活动。

一、感知觉概述

(一) 感觉和知觉的概念

1. 感觉的概念

人对客观世界的认识常常是从认识事物的一些简单属性开始的。例如,我们面前有一个物体,我们是怎样认识它的呢? 我们用眼睛去看,看到了它是红红的、圆圆的;用鼻子一闻,闻到了一股怡人的清香;用嘴一咬,尝到它有一股甜甜的味道;用手一碰,摸到它光滑的表面。这里的红、圆、香、甜、光滑就是物体的个别属性。

我们通过感觉器官接收和加工了这些属性,进而认识了这些属性,这就是感觉。因此,感觉也可以说是人脑对直接作用于感觉器官的客观事物个别属性的反映。

2. 知觉的概念

人们通过感觉器官得到了外部世界的信息,这些信息经过头脑的加工(综合与解释),产生了对事物整体的认识,就是知觉。因此,知觉是人脑对直接作用于感觉器官的客观事物的整体属性的反映。

知觉以感觉为基础,但它不是个别感觉信息的简单总和。例如,我们看到一个正方形,它由四条直线构成。但是,把对四条直线的感觉相加,并不等于一个正方形。知觉是按一定方式来整合个别的感觉信息,形成一定的结构,并根据个体的经验来解释由感觉提供的信息。它比个别感觉的简单相加要复杂得多。我们日常看到的不是个别的光点、色调或线段,也不是一大堆杂乱无章的刺激特性,而是由这些刺激特性组成的有结构的整体。

通过感知觉,人与纷繁复杂的人类世界形成了非常紧密的联系,并因此认识了世界。

(二) 感觉和知觉的关系

1. 感觉和知觉的联系

感觉和知觉都是人脑对直接作用于感觉器官的客观事物的反映。只有当客观事物直接作用于我们的感觉器官并引起感官的活动时,才会产生感觉和知觉。

感觉是知觉的基础,知觉是感觉的深入和发展。

2. 感觉和知觉的区别

感觉是对客观事物个别属性的反映,而知觉是对客观事物整体属性的反映。

感觉的产生受感觉器官的生理特性及外界刺激物的物理特性的影响,是一种生理、心理活动;而知觉的产生是在感觉的基础上,对刺激物的各种属性加以综合和解释,受一个人的兴趣、爱好、价值观和知识经验的影响,表现出更多的主观因素的参与。

(三) 感知觉在认识客观世界中的作用

1. 感知觉是认识的开端,是获得知识的源泉

感知觉是人的认识过程的初级阶段,是人认识客观世界的开端,是一切知识的直接来源。人们的知识无论是来自自身的直接经验,还是通过阅读书本得到的间接经验,都是通过感知觉获得的。

2. 感知觉是一切心理活动的基础,使个体与环境保持平衡

感知觉不仅为记忆、思维、想象等复杂的认知过程提供了材料,也为情绪、需要、动机等一切心理活动奠定了基础,是维持和调节正常心理活动的重要因素。只有通过感知觉,人们才能认识外界事物的各种属性,才知道自己身体的运动、姿势和内部器官的工作状况,因而才有可能实现自我调节。

人们旅行时选择乘坐何种交通工具,就是从感知觉开始到思维判断进行选择的过程。旅客首先借助掌握的各种交通工具的信息,对交通工具有一个感性认识。再经过思维,对交通工具进行比较,获得理性认识。最后决定乘坐哪种交通工具。同样,旅客对铁路客运服务的认识,也是从感知觉开始的。

二、感知觉的分类

(一) 感觉的分类

根据感觉的刺激来源和反映事物的个别属性的不同,可以把感觉分为外部感觉和内部感觉两大类。

1. 外部感觉

外部感觉是由机体以外的客观刺激引起的反映外界事物个别属性的感觉,包括视觉、听觉、味觉、嗅觉、肤觉(温度觉、触压觉和痛觉)。

（1）视觉。视觉是个体借助视觉器官辨别外界事物明暗、颜色和形状等特性的感觉,是外部感觉中起主导作用的感觉。人们关于世界的80%以上的信息都是通过视觉获得的。当视觉和其他感觉发生矛盾时,我们深信"眼见为实"。

心理阅读
3-2

"眼见为实"实验

研究人员给每一位参加实验的被试事先戴上一副特殊的三棱眼镜,使被试通过这副特殊的眼镜看到一根直的木棍是弯曲的;同时请被试用手触摸这根木棍,触觉告诉被试木棍是直的。当研究人员问"木棍是什么形状的"时,90%的被试都坚信自己的视觉,认为木棍是弯曲的。

（2）听觉。听觉是听觉器官在声波的作用下产生的对声音特性的感觉,是仅次于视觉的重要感觉。人接收的外界信息,约10%是由听觉通道输入的。

（3）味觉。溶性物质作用于味蕾产生的感觉叫作味觉。人感觉味道的味觉感受器是位于舌头表面和口腔黏膜上的味蕾。舌尖对甜味最敏感,舌中对咸味最敏感,舌的两侧对酸味最敏感,舌根(软腭)对苦味最敏感。

（4）嗅觉。嗅觉是辨别气味的感觉。嗅觉的感受器是鼻腔上部两侧黏膜的嗅细胞。

心理阅读
3-3

有研究表明,嗅觉刺激可以唤起人们的记忆和情绪。例如,闻着巧克力香味的学生在做词汇练习后的第二天回忆词汇时,再次提供巧克力香味比不提供巧克力香味,其能回忆起的词汇要多。由此可见,芳香的气味可以使人心情愉悦,增强自信,提高工作效率。

（5）肤觉。刺激作用于皮肤引起的各种各样的感觉称为皮肤感觉,简称肤觉。肤觉包括温度觉、触压觉和痛觉。

①温度觉。温度觉是指皮肤对温、冷刺激的感觉。依据生理零度,可将温度觉划分为温觉和冷觉。

②触压觉。由非均匀的压力在皮肤上引起的感觉称为触压觉。触压觉包括触觉和压觉。当机械刺激作用于皮肤表面而未引起皮肤变形时产生的感觉是触觉;当机械刺激使皮肤表面变形但未达到疼痛时产生的感觉是压觉。

③痛觉。痛觉是对伤害机体的刺激所产生的感觉。引起痛觉的刺激很多,包括机械、化学、温度及电等刺激,只要刺激达到一定程度就会引起痛觉。痛觉和其他外部感觉不同,它不能精确定位,也不容易适应。

同步思考

"烫"属于什么感觉?

2. 内部感觉

内部感觉是指接受机体本身的刺激,反映自身的位置运动和内脏器官不同状态的感觉,包括运动觉、平衡觉、内脏觉。

(1)运动觉。运动觉又称动觉,是对身体各部分之间的相对变动及肌肉紧张程度的感觉。

在一定意义上,运动觉最为重要,因为各种感觉器官都必须有运动器官的参与才能实现调节作用。例如,没有运动觉与其他感觉的结合、协调活动,就不可能形成清晰的视觉映象;运动觉与肤觉的结合形成触摸觉,它是非视觉条件下感知客观事物特性的必要条件;语言动觉对声带、舌唇的调节是正常言语活动的保证,否则人便无法感知语音;随意运动的进行更是离不开运动觉信息的反馈调节,凭借运动觉,人可以行走、劳动,还可以进行各种体育活动,完成各种复杂的运动技能。

(2)平衡觉。平衡觉又称静觉,反映头部位置和身体平衡状态,是由人做直线的加速或减速运动或做旋转运动时引起的感觉。例如,人闭着眼睛也能知道自己是站着还是躺着,乘车时知道是否在拐弯,乘电梯时知道是上升还是下降等,这些感觉靠的就是平衡觉。

平衡觉与视觉、内脏觉都有联系。当前庭器官受到刺激时,可能会使人看见物体发生位移的现象;当前庭器官受到较强烈的刺激时,可能会让人产生恶心呕吐等现象,如晕船或晕车等。前庭器官感受性高的人容易产生眩晕,但可以经过练习改变其感受性。

(3)内脏觉。内脏觉又称机体觉,是对机体饥、渴、痛、恶心、便意等状态的反映,其适宜刺激是机体内部器官的活动和变化。

内脏觉感受器的神经末梢比较稀疏。一般情况下,内脏觉感受器接受的神经冲动传至大脑皮质可被外部感受器的冲动掩蔽,不能在言语系统中得到反映,只有在工作异常或发生病变的情况下,内脏器官发放的冲动很强时,内脏觉才能变得鲜明,处于优势。

内脏觉在调节内脏器官的活动中起重要作用,能及时报告体内环境的变化和内部器官的工作状态,使有机体能更好地适应环境,维持正常的生命活动。

(二)知觉的分类

1. 根据知觉主导感官分类

根据知觉中起主导作用的感觉器官的特性,可把知觉分成视知觉、听知觉、触知觉、嗅知觉、味知觉等。

2. 根据知觉事物特性分类

根据知觉事物特性,可把知觉分成物体知觉和社会知觉。

(1)物体知觉。物体知觉是指对物体及外部关系的知觉。任何物体都具有空间特性、时间特性及运动特性,因此,物体知觉可分成空间知觉、时间知觉和运动知觉。

①空间知觉是人脑对物体空间属性的反映,它主要反映物体的形状、大小、距离、方位等空间特性。

②时间知觉是人对物体的持续性、速度和顺序性的反映。通过时间知觉,人们可以认识各种现象的时间距离、时间关系等。

③运动知觉是人对物体在空间位移上的知觉。通过运动知觉,人们可以分辨物体的静止或运动及运动的速度。

(2)社会知觉。社会知觉是对人的知觉,包括个人知觉、人际知觉和自我知觉。

①个人知觉是指通过对一个人的外表和言语来认识这个人的心理特点和品质,也就是通常所说的"听其言,观其行,而知其人"。

②人际知觉是对人与人之间关系的知觉。这类知觉有明显的情感成分参与。

③自我知觉是指通过观察自己的言行来认识自己。"人贵有自知之明"指的是正确地认识自己是一种可贵的品质。

知觉的主观印象有的符合客观实际的,有的却不符合。不符合客观实际的知觉称为错觉。纠正错觉的有效方法是实践。实践是感知觉发展的基础,也是感知觉正确与否的检验标准。

三、感知觉的特征

(一) 感觉的特征

1. 感受性和感觉阈限

感觉是由刺激物直接作用于感官引起的。但是,人的感官只对一定范围内的刺激有反应,只有在这个范围内的刺激才能引起人们的感觉。这个刺激范围及相应的感觉能力,称为感觉阈限和感受性。

不同的人对刺激的感受性是不同的,同一个人对不同刺激的感受性也不相同。感受性是用感觉阈限的大小来度量的,它们之间成反比关系。

2. 感觉的适应性

感觉的适应是指由于刺激对感受器的持续作用,从而使感受性发生变化的现象。"入芝兰之室,久而不闻其香;入鲍鱼之肆,久而不闻其臭",这种现象就是感觉适应。这是在同一感受器中,长时间的刺激作用,导致感受性发生变化的现象。感觉适应既可引起感受性的提高,也可引起感受性的降低。所有感觉都存在适应现象,但适应的表现方式和速度不尽相同。一般来讲,嗅觉、味觉、触觉适应较快,视觉、听觉适应较慢,而痛觉难以适应。

3. 感觉的对比性

感觉对比是指两种不同的刺激物作用于同一感受器而使感受性发生变

化的现象,包括同时对比和继时对比两种现象,如图 3-2 所示。两种刺激物同时作用于某种特定的感受器时,产生同时对比;两种刺激物先后作用于同一感受器时,产生继时对比。

4.联觉

联觉是一种感觉引起另一种感觉的现象,如图 3-3 所示。例如,同是一个黄瓤西瓜挤出的汁,一杯加入食用红色色素,一杯不加,不知者品尝起来,大都感到红色西瓜汁更甜,这叫视味联觉。又如,红、橙、黄色往往引起温暖感、接近感、沉重感;而绿、蓝、紫色,则往往引起凉爽感、深远感和轻快感。正因如此,同样大小的房间,墙壁、地板、家具等颜色不同,会产生冷暖、大小乃至兴奋、压抑等不同感觉。在火车上播放轻松欢快的背景音乐可以减少旅客旅途中的烦闷,使旅客产生愉快的感觉。

■ 图 3-2
感觉的对比性

■ 图 3-3
联觉

同步思考

在日常生活中,我们经历过哪些感觉适应、感觉对比和联觉的现象?

(二)知觉的特征

1.知觉的基本特征

(1)知觉的选择性。人在知觉事物时,习惯从背景中把少数事物区分出来,从而对它们做出清晰的反映,这种特性称为知觉的选择性,如图 3-4 所示。被清晰地知觉到的事物叫作对象,未被清晰地知觉到的事物叫作背景。

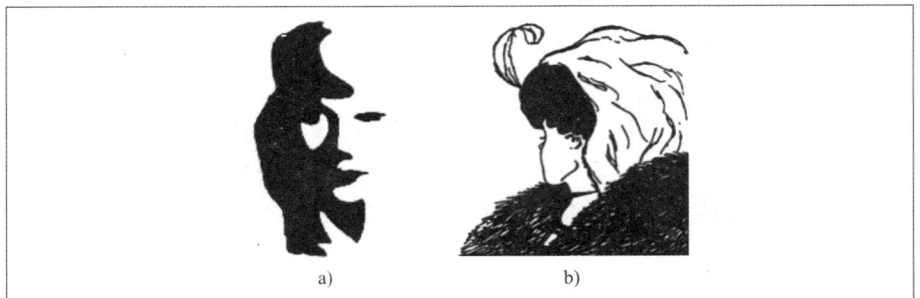

a)   b)

■ 图 3-4
知觉的选择性

影响知觉选择性的因素很多,从客观方面来说,活动的、新颖的、与背景差别较大的刺激容易被选择为知觉的对象。从主观方面来说,与个体当前的任务有关、能满足个体需要、符合个体兴趣、个体对之有丰富经验的刺激,容易被选择为知觉的对象。

(2)知觉的整体性。与感觉不同,在知觉过程中,人们不是孤立地反映刺激物的个别属性,而是多个个别属性的有机综合,反映事物的整体和关系,这就是知觉的整体性。

在知觉的整体性中,对象内部之间越是接近的、相似的、连续的、闭合的,越能知觉成一个整体,如图3-5所示。当然,整体性知觉离不开个体的经验,经验可以弥补知觉整体中不完整的部分。

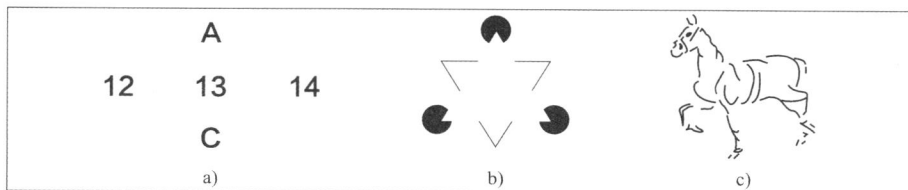

■图3-5
知觉的整体性

(3)知觉的理解性。在知觉过程中,人们总是根据已有的知识经验来解释当前知觉的对象,并用语言来描述它,使它具有一定的意义,这就是知觉的理解性,如图3-6所示。当一个知觉对象出现在我们面前时,我们总倾向于运用已有的知识经验来理解这个对象,将它归于经验中的某一类事物。可见,在知觉过程中有思维活动的参与。同时,语言在知觉的过程中起着一定的指导作用。

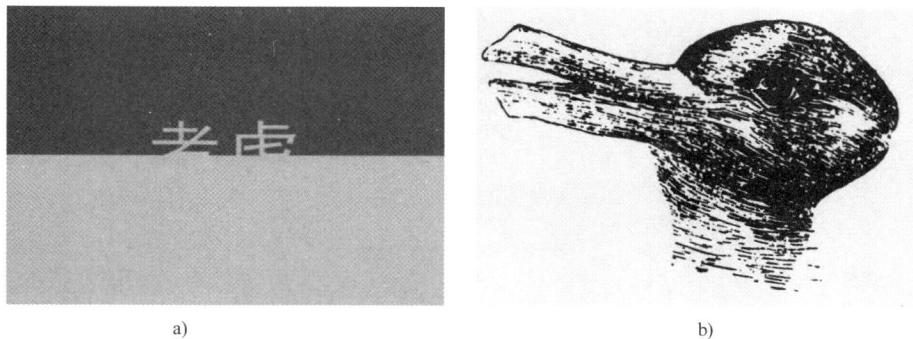

■图3-6
知觉的理解性

(4)知觉的恒常性。当知觉的条件在一定范围内发生变化时,知觉的印象仍然保持相对不变的一种心理倾向,就是知觉的恒常性。也就是说,只要认识了事物,不管在什么条件下,都倾向于抓住事物的本质。个体的经验是保护知觉恒常性的基本条件。

在视觉范围内,知觉恒常性有形状恒常性、方向恒常性、大小恒常性、颜

■ 图 3-7
铁轨形状的恒常性

色恒常性等。铁轨形状的恒常性如图 3-7 所示。

2. 错觉

错觉是知觉的一种特殊形式。它是人在特定条件下,对客观事物本身特征的失真或扭曲的知觉反映。错觉可以发生在视知觉方面,也可以发生在其他知觉方面。例如,当你掂量一公斤棉花和一公斤铁块时,你会感到铁块重,这是形重错觉;当你坐在正在开着的火车上,看车窗外的树木时,会以为树木在移动,这就是运动错觉。

单元二

高速铁路旅客的感知觉分析与服务

案例 3-1

"复兴号"亚运智能动车组列车试乘

2023 年 8 月 4 日,杭州亚运会迎来倒计时 50 天,专为杭州亚运会打造的"复兴号"亚运智能动车组列车迎来首次试乘体验。该车为 8 辆编组,车辆定员 578 人,设计速度 350km/h。车辆内外装饰分别以"中国特色、浙江风采、杭州韵味"和"润泽江南"为设计主题,外观主色调采用亚运会主形象色"虹韵紫",如图 3-8 所示。

■ 图 3-8
"复兴号"亚运智能动车

同步思考

如果你去参加试乘体验,你会有什么样的感受? 为什么?

一、高速铁路旅客感知觉的主要内容

(一)旅客对客运服务人员的感知

高速铁路客运服务过程中,旅客对客运服务人员的感知主要是通过客运服务人员的外貌、言语、表情、举止等方面进行的。

1.外貌

外貌是指人的外表、容貌,它是旅客对客运服务人员的"第一"感知。端庄的五官、精致的妆容、合体的服饰等反映出客运服务人员的基本情况和职业素养,能给旅客带来舒适的感官体验,从而给旅客留下美好的"第一印象"。

2.言语

"言为心声",言语的内容反映一个人的心理活动、行为趋向,而语气音色、语调高低、语速缓急也是旅客对客运服务人员进行感知的重要线索。语音轻快,表示心情轻松愉快;语调高亢,表明情绪兴奋激昂;语速急促,表明情绪紧张。旅客常常通过言语感知他人。在服务过程中,客运服务人员言语清晰得体、文明规范,旅客会感到心情愉悦,并据此得出客运服务人员服务非常出色的判断。

3.表情

表情是情绪、需要、动机等心理活动的外在表现形式,是探索这些心理活动的基本途径。目瞪口呆,反映出内心的惊讶;眉飞色舞,反映出内心的愉快;愁眉苦脸,反映出情绪的沮丧。在服务过程中,如果客运服务人员的表情亲切、自然,则会给旅客带来舒适、平静的感觉;而旅客看到客运服务人员表情紧张、不自在,则会认为该客运服务人员可能是个新手,服务业务比较生疏。

4.举止

举止是一个人的姿态与气度。摇头晃脑,表示十分得意、自在;手舞足蹈,表示高兴、愉快;点头哈腰,表示恭敬、顺从。因此,观察举止是旅客感知客运服务人员的重要途径。在服务过程中,旅客观察到客运服务人员动作干脆利落、娴熟细腻,则认为客运服务人员是个工作认真、业务熟练的人。旅客判断客运服务人员是否符合文明规范的职业要求,也是通过观察客运服务人员的体态是否端庄大方,举止是否稳重得体。

且旅客对客运服务人员的判断,往往不是单纯依靠对其某个方面的观察而来,通常是综合观察并联系当时的具体情境而得出最后的结论。

(二)旅客对客运服务环境的感知

1.车站环境

旅客对客运服务环境的感知首先来自车站的环境。现代化的装饰风格、干净明亮的候车大厅、清晰明了的引导标识、合理的灯光设计、舒适的通风及温度、整洁的地面、干净的卫生间等都会影响到旅客对客运服务环境的感知。图3-9为车站环境展示。

2.车站设施

旅客对客运服务环境的感知也来自车站的站内设施。自动化的售检票

设备、人工智能的进站检测系统、舒适宽敞的候车座椅、清晰的列车信息显示板、顺畅的自动扶梯、方便的供水设备、安全所需的应急救援设施等,都会让旅客产生服务设施是否到位、安全设施是否齐全、服务环境是否良好的感知。部分站内设施如图 3-10 所示。

a)

b)

■ 图 3- 9
车站环境展示

a)

b)

c)

■ 图 3- 10
站内设施

3. 列车环境

旅客对客运服务环境的感知还会受到列车环境的影响,车厢内的拥挤程度、温度、通风、卫生情况、候车时间的长短、排队是否有秩序等都会影响旅客的乘车感受。车厢环境如图 3-11 所示。

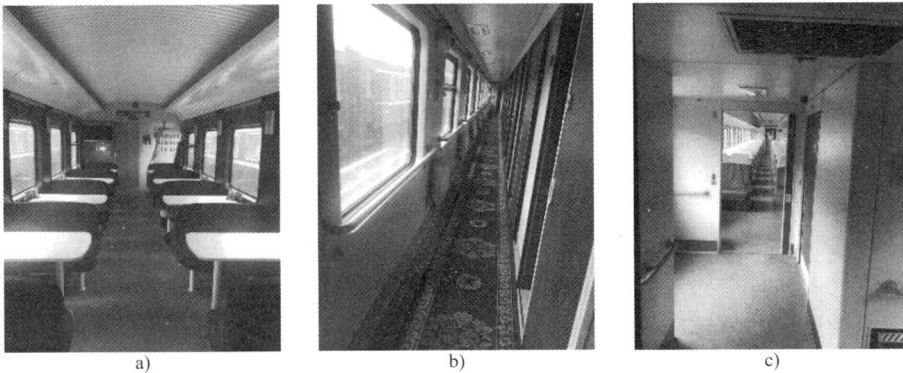

a)

b)

c)

■ 图 3- 11
车厢环境

(三)旅客对客运服务文化的感知

高速铁路客运服务文化是铁路运输企业的一部分,是体现企业的服务特点、服务水平和服务质量的物质文化与精神文化的总和。

1.物质文化

物质文化是企业理念的外在表现,包括企业的服务形象及硬件设施等,这是服务文化的基础内容。服务形象包括员工形象、企业标志和服务品牌等,而硬件设施包括服务机构的设置、服务设施的完善、服务环境的优化等。

2.精神文化

精神文化包括服务特色、服务方式、服务机制等,这是服务文化建设的重要保障。企业将优秀的客运服务文化用制度的方式规定下来,形成科学的管理体系和服务机制,将抽象的服务理念和要求变为具体的服务指标,渗透到企业的服务活动中,形成自身的服务特色,并鲜明、深刻地印在旅客的大脑中。

同步思考

当你在乘坐高铁旅行时,你会感知到哪些客运服务文化?

二、高速铁路旅客感知觉的影响因素

(一)影响旅客感知觉的客观因素

1.旅客的生理条件

旅客感知觉的产生依赖于旅客不同感官接收的刺激信息。因此,生理条件不同,旅客感知觉也不相同。

2.感知对象的特征

感知是由刺激物引起的,因此感知对象的特征会影响感知的效果。感知对象的大小、强度、新颖性、对比性、重复性等都会影响感知效果,如特别的景观、鲜艳的颜色、醒目的标志、响亮的声音等容易被人们清晰地感知。如列车上的安全标志往往以醒目的方式呈现,就是为了让旅客容易产生感知;相反,柔和的光线则是尽量避免对旅客产生强烈的干扰性刺激。

3.感知对象的背景

感知对象的背景是指对感知对象起衬托作用的客观环境。背景与所感知的对象在强度、颜色和形状等方面的反差越大,主体对对象的是因为感知就越清晰;反差越小,主体对对象的感知就越不清晰。例如,车站内播放的动态消息要比静态的通知更能引起感知主体的注意,是因为在这种状态中,动态消息更容易从感知背景中脱离出来。

4.他人的提示

他人的提示,有助于提高旅客知觉的理解性,能使旅客迅速了解、理解客运服务。例如,列车乘务员发现列车上有小偷,提示旅客注意保管好随身携带的贵重物品,旅客就会提高警惕,注意检查自己身上的物品以及观察身边的人。

(二)影响旅客感知觉的主观因素

有刺激情境才会产生感知觉,但只凭刺激情境,却未必产生感知。因为感知经验的活动,除依靠感觉器官的生理功能接收信息外,更重要的是靠个人对引起感知觉刺激情境的主观解释。换言之,决定感知觉经验的是感知主体的心理因素。

1. 需要与动机

需要产生动机,而动机产生行为。人们的需要和动机在很大程度上决定着人们的感知选择。凡是能够满足旅客的某些需要和符合其动机的事物很容易成为其感知的对象和注意的中心。例如,不熟悉线路的旅客,旅行过程中会时刻注意车上的报站广播,生怕坐过站;外籍旅客,会时刻注意车上广播报站的英文版本。

心理阅读
3-4

心理学家给饥饱程度不同的被试辨认一张能看出各种图形的画,结果:饥饿的被试辨认出那张画是食品的概率高达40%,远远高出非饥饿的被试辨认出食品的概率(10%左右),这就是需要对认知的影响。

2. 知识与经验

人的知识与经验如何,直接影响知觉的内容、精确度和速度。经验是从实践活动中得来的知识和技能,它是人们行为的调节器。经验对知觉的影响,既有积极的促进作用,有时也有消极的阻碍作用。人们如果一味凭经验观察事物,往往可能忽略细节和变化,但一般来说,人的知识经验越丰富,知觉就越迅速、越全面、越深刻,从而可以很快对感知对象的意义进行理解和判断,从而节约感知时间,扩大感知范围。在旅行活动中,如果缺乏经验,观察就可能是表面的、笼统的、简单的。例如,有的旅客被其他旅客碰撞或挤到,可能会认为是因为车辆运行摇晃所致,不以为然;而有经验的旅客,对这种情况会感知得更全面、更深刻,会马上反应"会不会是小偷在分散大家的注意力,正伺机作案"。

3. 兴趣

一般来讲,人们所选择的感知内容与其所关心的事物是密切相关的。兴趣,能帮助人们在感知事物中排除毫不相干或无足轻重的部分。兴趣是人们积极探究某种事物或从事某种活动的心理倾向。这种倾向使人们对某种事物给予优先注意。人们通常把自己感兴趣的事物作为感知对象,而把那些和自己兴趣无关的事物作为背景,或干脆排除在知觉之外。例如,从事客运岗位的工作人员比从事售票岗位的工作人员更容易注意到重点旅客的状况。

4. 情绪

情绪是心理活动的一个重要方面,它伴随着认知过程而产生。情绪在很大程度上影响着个人的感知水平。在心情愉快的时候,旅客对旅行过程的感知在深度上和广度上都会积极深刻、色彩鲜明;相反,情绪不好、心情烦躁时,旅客的感知水平会下降,并且会影响对旅行过程的整体服务质量评价。例如,某位旅客带着怨气出差,遇上跟平常一样的拥挤情况,他会比平常更容易感到不满,甚至迁怒客运服务人员或其他旅客。

5. 期望

期望是人对感知对象所抱有的态度和心情。在感知过程中常常渗透着感知主体的期待心情,使得对于事物的感知不像它本来的面貌,而是像人们所期望的那样。例如,旅客看到车上挂着"青年文明号"的荣誉牌,就期望所乘坐的列车是干净整洁的,客运服务人员的服务是热情周到的。当真实情况与自己的期望差不多时,旅客就会对旅行过程产生良好的印象并得出较高的评价;当真实情况与自己的期望相差甚远时,旅客就会产生较差的印象,感觉失望。

三、影响旅客感知觉偏差的心理效应

感觉与知觉属于认知过程,由感知觉引起的偏差属于认知偏差,它是指人们根据一定表现的现象或虚假的信息而对他人进行判断,可能出现判断失误或与判断对象的真实情况不相符的情况。由于人与人之间关系的复杂性,在交往过程中难免会存在一些认知偏差。

(一) 首因效应

首因效应,又称首次效应、优先效应或第一印象,是指人与人第一次交往中给对方留下的印象在对方的头脑中形成并占据着主导地位的效应。第一印象的形成50%以上的内容与相貌、体态、气质、神情和衣着的细微差异有关;大约40%的内容与声音的音调、语气、语速、节奏有关;约10%的内容与言语、举止有关。第一印象不可能全面反映一个人的本质,难免带有主观性;同时,人总是处在不断变化之中的,对人应全面、发展地看待,才能形成正确的感知。在铁路客运服务过程中,由于客运服务人员与旅客的交往多数为一次性交往,所以服务中的首因效应更为普遍和明显。

(二) 晕轮效应

晕轮效应,也称光环效应,是指在对人的某些品质特征形成了清晰、鲜明的印象后,掩盖了对其他品质、特征的感知。"一白遮百丑""爱屋及乌"都是晕轮效应。其有以下三个方面的特点。

（1）它容易抓住事物的个别特征，习惯以个别推及一般，像盲人摸象一样，以点代面。

（2）它将并无内在联系的一些个性或外貌特征联系在一起，断言有这种特征必然会有另一种特征。

（3）感觉好就全部肯定，感觉坏就全部否定，这是一种受主观偏见支配的绝对化倾向。

由于晕轮效应的影响，旅客也容易因个别问题而对客运服务人员产生极端印象。例如，因为某一客运服务人员的态度恶劣而导致旅客认为所有客运服务人员的态度都很差，也可能因为得到某些客运服务人员真诚的帮助而对所有客运服务人员都印象良好。所以客运服务人员在服务工作中，应该利用晕轮效应，注重服务细节，不要因个别细节导致旅客印象的恶化。

心理阅读 3-5

晕轮效应

一位老师曾利用心理学教学课堂，把 55 名学生分成两组，分别向学生介绍一位新来的教师，两组学生得到的介绍材料仅有一词之差：甲组的学生被告知，这位教师是"热情的"；乙组的学生被告知，这位教师是"冷漠的"。

学生们看完这份材料后，新教师来到课堂授课，并分别领导两组学生进行 20 分钟的讨论。下课后，实验者让每个学生填写一份问卷，说明自己对新教师的印象。结果发现，两组学生对这位教师的印象有显著的不同。甲组的印象是：有同情心、会体贴人、社交能力强、富有幽默感、性情善良等；乙组的印象则相反，认为该教师严厉、专横。

这就意味着两组学生对该教师的印象，都有自己的推断成分，由"热情的"特点推出一系列的与热情有关的优点，由"冷漠的"特点推出一系列的与冷漠有关的缺点。实验中的另一个现象是，甲组积极发言的达 56%，乙组积极发言的仅 32%，这表明，学生对新教师不仅有一定的看法和印象，而且在行为上也有一定的倾向：对教师的印象好，发言就多，印象不好，发言就不积极。这个实验证明印象形成的过程中有明显的个人主观推断的作用。

（三）刻板效应

刻板效应，也叫刻板印象或定型效应，是指人们对某一类人或事物产生的比较固定、概括而笼统的看法。有些人总是习惯把人进行机械的归类，把某个具体的人看作某类人的典型代表，把对某类人的评价视为对某个人的评价，因而容易形成"先入为主"的偏见，造成认知偏差。大多数人会认为知识分子是戴着眼镜、面色苍白的，农民是憨厚老实、勤劳质朴的；法国人是浪漫的，英国人是保守的；女性是温柔的、细心的，男性是理性的、粗心的等，这些都是刻板印象。

刻板印象的形成，主要是由于人们在人际交往过程中，没有时间和精力去和某个群体中的每一位成员都进行深入的交往,而只能与其中的一部分成员交往,因此,只能"由部分推知全部",由所接触到的"部分"去推知这个群体的"全部"。

受刻板效应的影响,旅客可能因为客运服务人员着装整齐,而对客运服务人员产生工作认真、严谨可靠的印象;而如果旅客看到客运服务人员着装凌乱、举止不当,就会对客运服务人员产生不信任。

四、感知规律在客运服务中的实践

根据旅客在客运服务中的感知内容和影响旅客感知的主客观因素,客运服务人员可以在以下四个方面着手,来提升旅客对客运服务人员的积极的感知。

(一) 树立良好的个人形象

随着生活水平的提升,人们对品质的追求也越来越高。旅客与客运服务人员交往的过程中,客运服务人员形象如何,将给旅客留下不同的印象。良好的个人形象包括外表上五官端正,能显示健康和活力,优美的体形、容貌还可以让旅客的视觉感到舒适,产生心理上的欣赏与认可。服饰要求得体、整洁大方,与工作部门的类型和特色协调。同性别、同岗位的客运服务人员要穿着同样的服饰,给旅客以庄重的、职业的印象。注意使用礼貌用语,恰当称呼旅客,得体回答问题。表情神态、行为举止要求符合服务工作的职业标准,站、坐、走姿势要规范。要保持愉快的表情、真诚的微笑,通过良好的个人形象,给旅客留下美好的感知觉。

(二) 形成良好的服务态度

服务态度是指客运服务人员对旅客在言语、表情、行为举止方面所表现出来的个性心理倾向。良好的服务态度会对旅客产生吸引力,使旅客与服务人员的交流更加融洽,心理感受更加亲近,旅客满意度会得到很大的提升;而恶劣的服务态度则会给旅客造成心理反感,使旅客心生抵触,望而却步。这就要求客运服务人员热爱服务工作,明确服务工作的职责,树立旅客至上、人民铁路为人民的服务意识。在服务过程中,积极主动、热情待客,急旅客所急、做旅客所想,尽力满足旅客需求并努力超越旅客期望。

(三) 创建良好的服务环境

旅客在接受铁路客运服务时,通常会用自己的感知觉审视所处的服务环境。据调查研究表明,旅客除了感知铁路客运服务人员的形象、态度之外,还对服务环境有洁净、舒适、安静的要求。同时,优质的接待、餐饮、环境、商务、委托代办服务等也是被感知的内容。这涉及车站的自然环境、建筑外观、室内装潢、设备设施、服务项目、娱乐活动等有形因素。因此,客运服务企业和员工应运用感知觉的规律,如联觉、感受的对比性、知觉的整体性、知觉的选择性、错觉等，创建良好的车站、列车内部环境，使旅客产生美好的感知觉和愉快的情绪体验，从而对铁路客运服务留下良好的印象。

（四）培养鉴貌辨色的感知能力

在铁路客运服务过程中，客运服务人员会接触到不同地区的旅客，客运服务人员应通过观察旅客的衣着服饰、面部表情、肢体动作、语言特点等，掌握旅客的民族、年龄、文化修养、社会阶层、性格、职业、习惯、身体状况等方面的信息，这样才能根据旅客的不同特点理解其不同需求，做好客运服务工作。关于感知能力的培养，具体可以通过以下方式。

1. 多观察，增加感受经验

在服务工作中，有意识地观察旅客的行为表现，分析其所代表的意义，反复认真判断结果，进行规律总结，以此提高感知能力。

2. 多学习，增进情境触动

对事物的感知，常常与自身的知识、经验相结合，知识面的宽度、深度和经验的丰富度在一定程度上影响感知觉的内容和反应速度。多学习，增进情境的体验性；丰富经验，可以增强感知觉的范围，使服务更加全面周到。

3. 多练习，增强反应能力

一些事物就在眼前，而人们常常视而不见，其原因是人们意识中就没有对这个事物的认知。如果有目的地在认知上加强训练，那么该事物一出现，就会被捕捉到。因为心理上已经对这个事物有了思维准备，所以哪怕是一闪而过，也能因为感知的特性而迅速捕获。

实践
训练

调查高速铁路旅客服务中旅客的感知觉

1. 实训目标

(1)使学生结合实际,加深对感知觉理论的认识;

(2)初步培养学生对旅客感知觉的分析,提升服务意识。

2. 实训内容

以小组为单位,利用课余或放假时间,以当地(或家乡)火车站为对象,调查以下内容。

(1)车站服务环境设计中的感知觉特征运用都有哪些?

(2)车站站内设施、车站环境和客运服务人员的哪些方面会对旅客的感知觉产生影响? 哪些是积极的? 哪些是不足的?

(3)针对调查访问的结果,提出提升铁路客运服务品质的建议。

3. 实训考核

(1)每组提交一份汇总报告;

(2)各组制作一份PPT,在课堂进行汇报;

(3)根据各组分析报告及汇报表现,进行评分。

思考题

1. 感知觉的特征有哪些?

2. 影响旅客感知觉偏差的心理效应有哪些?

3. 高速铁路旅客感知觉的影响因素有哪些?

高速铁路旅客情绪心理与服务

◎ 学习目标

1. 了解情绪的基本概念；
2. 理解旅客的情绪特征及影响因素；
3. 掌握疏导和调节旅客情绪的方法。

⊛ 内容结构

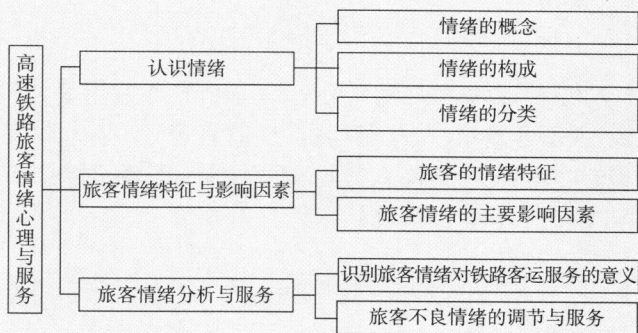

⚛ 课前导学

案例 4-1

旅客丢失的良好素质和列车乘务员达到的周到服务

　　××年2月4日,在义乌开往烟台的列车上,一名男子在列车上对列车乘务员大肆刁难,故意将鸡蛋扔在地上并要求打扫干净,并对列车乘务员出言不逊、肆意谩骂。

　　这名男子的言行引起了其他旅客的强烈不满和愤怒,而列车乘务员在整个过程中没有任何偏激言行,还好言相劝。最后,列车长亲自将垃圾打扫干净,还安抚了滋事男子。

　　据了解,引起这件事的原因可能是他没能补到票,心情不好。

　　这次事件被网友视频曝光后,网友们议论纷纷,在谴责该男子的同时,也表达了对列车乘务员的心疼。列车上客运服务人员工作不易,除了大量的工作之外,还要面对旅客的各种情绪问题。节假日买票不易,长时间、长距离的旅程,都容易造成旅客情绪上的"拥堵"。生活中,每个人都会有情绪失控的时候,心里有怒气时发泄的方法有很多种,但最不恰当的方法就是迁怒于人……

同步思考

(1)旅客的情绪是如何产生并影响其行为的?

(2)作为客运服务人员应该如何有效疏导旅客的不良情绪?

　　常言道:"人非草木,孰能无情?"其实人类不但有情,而且情绪体验还相当丰富,或心情舒畅,或郁郁寡欢,或暴跳如雷,或欣喜若狂……情绪是极其普遍、复杂而又重要的心理现象,如同人的心理状态的晴雨表,时刻反映我们的心理状态,同时渗透在生活的方方面面。

单元一

认识情绪

一、情绪的概念

情绪是人对客观事物的态度体验和行为反应。情绪是以个体的愿望和需要为中介的一种心理活动,它是客观事物与人的愿望、需要之间关系的反映。当客观事物能够满足主体的愿望和需要时,就会引起积极的、肯定的情绪。如旅客在乘坐列车感受到安全、顺畅、舒适、便捷时,就会产生满意、愉快的情绪体验。反之,当列车晚点、车厢环境脏乱差,旅客就会产生不满、抱怨、愤怒等情绪。

二、情绪的构成

情绪包括生理唤醒、主观体验、外部表现三个部分。情绪产生时,这三个部分共同活动,形成一个完整的情绪体验过程。

(一) 生理唤醒

任何情绪都伴随着一系列的生理变化,即生理唤醒状态,而这种状态会增强情绪的体验。

在情绪发生时,交感神经系统开始活动,这时肾上腺素和去甲肾上腺素分泌增多,心血管系统会发生一系列变化,如心率加快、血压升高、呼吸频率加快,机体处于唤醒状态。

情绪也会引起内外分泌腺体的变化。如人在悲痛或者高兴时往往会流泪,在焦急和恐惧时往往会冒汗等。

(二) 主观体验

主观体验是个体对不同情绪状态的自我感受。每种情绪都有不同的主观体验,它们代表了人们不同的感受,构成了情绪的心理内容。人的主观体验与外部反应存在着某种相应关系,即某种主观体验和相应的表情模式联系在一起。如愉快的体验必然伴随着欢快的面容或手舞足蹈的外显行为,而在生气时会面带怒气或暴跳如雷。

(三) 外部表现

个体在产生某种情绪体验时,通常都会表露在外,并伴随着身体各个部位的动作、姿态的变化,一般将这些外显的表现称为表情,主要包括面部表情、姿态表情和语调表情。

1. 面部表情

面部表情是所有面部肌肉变化所组成的模式,能精细地表达不同性质的情绪,因此是鉴别情绪的主要标志。

人的面部通常分为额眉—鼻根区、眼—鼻颊区、口唇—下巴区,这三个区域的活动构成了不同的面部表情,表达着相应的情绪。例如,人在愉快的时候,额眉—鼻根区放松,眉毛下降;眼—鼻颊区眼睛眯小,面颊上提,鼻面扩张;嘴角后收、上翘。这三个区域的肌肉运动组合起来就构成了"笑"的面部表情。

在表现不同情绪的面部表情中,起主导作用的肌肉不同。例如,笑时嘴角上翘,惊奇时眼和嘴张大,悲伤时双眉和嘴角下垂。

人的面部表情是判断情绪的重要线索,面部表情微小的变化中都隐藏着真实的情绪密码,对客运服务人员来说,在生活和工作中通过观察对方的面部表情来判断情绪,可以有针对性地采取应对策略。

2. 姿态表情

姿态表情是指面部表情以外的身体其他部分的动作表情,包括手势和身体姿势等。例如,鼓掌表示兴奋、顿足代表生气、垂头代表沮丧、摊手代表无奈、捶胸代表痛苦等。因此,通过一个人的姿态表情,通常能判断出其没有表达出来的内在隐藏情绪。

3. 语调表情

语调也是表达情绪的一种重要形式。语调表情是通过言语的声调、节奏和速度等方面的变化来表达的。心情愉快时语速轻快,悲伤时语气低沉、节奏缓慢,愤怒时音量变大、语速变快。例如,"你瞅啥呢"这四个字在不同的情绪下就有不同的语气表达。

表情的三种表现方式以面部表情为主,姿态表情和语调表情起辅助作用。

练一练

情 绪 表 演

4~6人一组,相互表演不同的情绪,仔细观察并详细记录表演者在不同情绪中的面部表情和姿态表情。每组分别进行记录汇报,将相应内容填入表4-1。

情绪表情记录表　　　　　　　　　　　　　　　　表4-1

情绪	面部表情	姿态表情
兴奋		
生气		

续上表

情绪	面部表情	姿态表情
悲痛		
忧郁		
恐惧		
厌恶		
惊讶		

三、情绪的分类

(一) 按情绪内容分类

1. 古书总结提出的情绪内容分类

《礼记》中提出"七情"说,即喜、怒、哀、惧、爱、恶、欲,《黄帝内经》中将情绪划分为喜、怒、忧、思、悲、恐、惊。

2. 从生物进化的角度分类

从生物进化的角度,情绪可分为基本情绪和复合情绪。

(1) 基本情绪是人和动物共有的,在发生上有着共同的原型或模式,它们是先天的本能。近代的研究认为,快乐、愤怒、恐惧和悲哀是最基本、最原始的四种情绪。

(2) 复合情绪则是由基本情绪的不同组合派生而来的。如由愤怒、厌恶和轻蔑组合起来的复合情绪就是敌意,而由恐惧、内疚、痛苦和愤怒组合起来的复合情绪就是焦虑,等等。

同步思考

(1) 你还了解哪些复合情绪?

(2) 这些复合情绪都是由哪些基本情绪组合而成的?

(二) 按情绪状态分类

按情绪状态划分,情绪可分为心境、激情和应激三种。

1. 心境

心境是指一种微弱、平静、持续时间较长的情绪状态,具有弥散性的特点,通常也叫作心情,如心情愉快、舒畅或心情烦闷、抑郁不快。心境并不是对某一事件的特定体验,而是以同样的态度对待所有的事件。在心境发生的全部时间内,所遇到的事件都产生和当时的心境同样的色调。

心境对人的学习、工作、生活、健康有很大的影响。人的世界观、理想、信念则决定着心境的基本倾向,对心境起着重要的调节作用。

2. 激情

激情是一种强烈的、爆发式的、为时短促的情绪状态,这种情绪状态通常是由对个人有重大意义的事件引起的。激情往往伴随着生理变化和明显的外部行为表现,如盛怒时怒目而视、双拳紧握,同时伴随着血压升高、呼吸加快。

激情状态下人往往会出现"意识狭窄"现象,即认识活动的范围缩小,理智分析能力受到抑制,自我控制能力减弱,进而行为失控甚至出现一些鲁莽的行为。

3. 应激

应激是指人对某种意外的环境刺激所产生的适应性反应。例如,人们遇到某种意外危险或面临某种突发事件时,必须集中自己的智慧和经验,动员自己的全部力量,迅速选择,采取有效行动,此时人的身心处于高度紧张状态,即为应激状态。例如,列车在飞速行驶过程中,突然信号提示前方铁轨发现障碍物,此时列车司机需要迅速决策,就会处于一种应激状态。

应激状态的产生与人面临的情境及人对自己能力的评估有关。当情境对一个人提出了要求,而他意识到自己无力应付当前情境的过高要求时,就会体验到紧张而处于应激状态。

人在应激状态下,会引起机体的一系列生理性反应,如肌肉紧张、血压、心率、呼吸以及腺体活动都会出现明显的变化。这些变化有助于适应急剧变化的环境刺激,维护机体功能的完整性。

练一练

把你最近一周的每一种情绪状态持续时长评估一下,然后按百分比"切"出一个"情绪蛋糕"。你可以给蛋糕上色,用不同的颜色代表不同的心情。请在图 4-1 中表示出来。

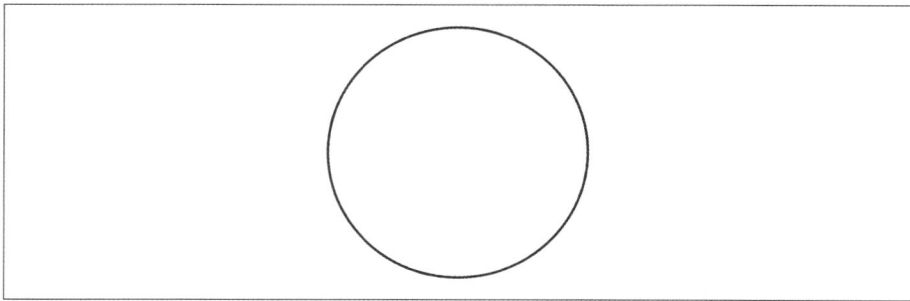

■ 图 4-1
我的情绪蛋糕

旅客情绪特征与影响因素

一、旅客的情绪特征

高速铁路旅客的情绪特征主要包括情绪的维度与两极性、感染性、扩散性以及非理性四个方面。

(一)情绪的维度与两极性

情绪的维度是情绪所固有的某些特征,主要包括情绪的动力性、激动性、紧张度和强度等方面。这些特征的变化幅度又具有两极性,每个特征都存在两种对立的状态。

1.增力与减力的两极

情绪在动力性上有增力和减力两极。一般来讲,需要得到满足时产生的积极情绪是增力的,可提高人的活力;需要得不到满足时产生的消极情绪是减力的,会降低人的活力。

旅客对铁路客运服务认同时就会感到愉快和满意;但当旅客认为铁路客运服务不佳时,就会感到不快或愤怒。而构成旅客情绪动力增减的两极,并不是绝对互相排斥的,在一定条件下可相互转化。

2.激动与平静的两极

情绪的激动性有激动与平静两极。激动是一种强烈的、外显的情绪状态,如激怒、狂喜、惊恐等,它是由一些重要的事件引起的。平静是指一种平稳安静的情绪状态,人在多数情境下是处在平静的情绪状态之中的,在这种状态下,旅客平安出行,客运服务人员进行持续的日常服务工作。

3.紧张与轻松的两极

情绪紧张度分为紧张和轻松两极。人们情绪的紧张度决定于面对情境的紧迫性、个体心理的准备状态以及应变能力。如果情境比较紧急,个体心理准备不足而且应变能力较差,人往往容易紧张,甚至不知所措。如果情境不太紧急,个体心理准备比较充分,应变能力较强,人就会觉得比较轻松自如。

高速铁路客运服务人员在应对节假日大客流时,需要激发起具有一定紧张度的情绪,才能更好地疏导客流。但如果紧张过度则会造成心理活动的干扰和行为失调。

4.由弱到强的两极

情绪的强度有强、弱两极,如从愉快到狂喜,从微愠到狂怒。在情绪的强弱之间还有各种不同的强度,如在微愠到狂怒之间还有愤怒、大怒和暴怒等。旅客情绪强度的大小通常取决于引起情绪的事件对于个体的意义。对于有换乘需要的旅客,如果中间换乘时间较短,则对列车晚点抵达有强烈的情绪反应。

(二)情绪的感染性

人的情绪具有很强的感染性,不仅影响自身的身心状态,还会感染到身边的人。在日常人际交往互动中,人们很容易受到对方情绪的感染,从而产生相应的情绪体验。积极的情绪向周围的人传递的是愉悦、满意、接纳的信息,让人心情愉快;消极的情绪向周围的人传递的是不满、排斥、拒绝等信息,会使人心情压抑不快。心理学家的研究发现,人的恶劣情绪就像病毒和细菌一样具有传染性,而且传染的速度非常快,只要 20 分钟,一个人就可以受到他人低落情绪的传染。所以,为了保障铁路交通运输的安全和秩序,客运服务人员一定要注意防止旅客人群中负面情绪的蔓延。

案例 4-2

“动车少年宫”主题活动

春运大幕拉开后,为了给春运返乡途中的“小候鸟”们营造温馨舒适的乘车环境,G2884 次列车上开展了“动车少年宫”主题活动,让“小候鸟”们在返乡途中领略传统文化魅力的同时缓解旅途中的焦躁。

动车乘务员和小志愿者们将满载少儿读物的推车推进车厢,“小候鸟”们欢呼雀跃,挑选着自己喜爱的读物。随后,小志愿者们开始在车厢里表演葫芦丝。当轻柔细腻、悠扬婉转的乐曲在车厢里回荡时,“小候鸟”们安静下来,静静品味。在旅客们的要求下,小志愿者们还在车厢里现场教授“小候鸟”们吹奏。祝福语将车厢气氛推向高潮,欢歌笑语洒满渝贵铁路。图 4-2 为在列车上开展“动车少年宫”的主题活动。

a)

b)

■ 图 4-2
在列车上开展“动车少年宫”的主题活动

（三）情绪的扩散性

情绪的扩散性包括内扩散和外扩散。

1. 内扩散

内扩散是情绪在主体自身的扩散，表现为主体对某一对象产生的某种情绪体验，影响主体对其他对象也产生同样的情绪体验。

旅客心情愉悦，就会在乘车过程中表现出宽容大度的胸怀，对乘车过程中的小问题也能够容忍谅解、宽厚面对。相反，如果旅客正处于消极负向的情绪体验中，则会处于这也看不惯、那也不顺眼，处处事事求全责备的状态，对平时微不足道的事也容易勃然大怒，容易迁怒周围人甚至客运服务人员，如案例4-1中的旅客将补不到票的火撒在了乘务员身上。

2. 外扩散

外扩散性又称为情绪的感染性。旅客的情绪在乘车过程中，通过语言、姿态表情等影响到其他旅客，从而引起情绪上的共鸣。

（四）情绪的非理性

人不论产生什么样的情绪，都伴随有相应的神经活动。例如，人在快乐时，神经中枢会分泌一种物质，科学家称其为"快乐因子"；当人在烦闷时，神经中枢也会分泌一种物质，科学家称其为"痛苦因子"。这就是为什么"人逢喜事精神爽、闷上心来瞌睡多"的原因。这些"因子"的分泌是由于人的自主神经活动和体内激素分泌，它们并不受意识的控制，所以带有明显的本能反应特征，使人的情绪像烈马那样"难以驾驭"，做出一些连自己都吃惊的非理性行为。在铁路客运服务中，要注意引导和调适旅客人群中的非理性行为。

二、旅客情绪的主要影响因素

（一）旅客的需要

选择铁路方式出行的旅客主要有以下四个方面的需求。

1. 安全顺畅

旅客乘车旅行最基本的共性需要就是安全顺畅。例如，当亲友们出行的时候，我们总会送上"一路平安""一路顺利"的祝福，希望旅途平安顺利。

2. 方便快捷

方便快捷的心理需求体现在购票检票、候车乘车、换乘抵达、验票出站等程序中。旅客希望购票迅速，检票设备、车站站台等车站服务设施方便快捷。

3. 经济舒适

一般旅客出行前都会评估列车的价格和运行时间，在保证经济的基础的同时尽可能地满足舒适性。

4. 安静与被尊重

旅客出门旅行，都希望环境尽可能相对安静。同时，旅客希望自己的人格、信仰、习俗等受到客运服务人员的尊重,希望看到热情的笑容,听到友善的话语。

(二)旅客的认知特点

旅客的情绪是伴随着一定的认知产生的,因此,对同一名客运服务人员同样的服务,不同旅客由于个体认知的差异,对其评估也可能不同:认为符合自己需要的旅客会产生肯定的情绪;认为不符合自己需要的旅客则会产生否定的情绪。同一旅客在不同的时间地点和条件下对同一项客运服务的认知、评估也可能不同,因而产生的情绪也存在一定差异。

(三)旅客的归因方式

归因方式是个体对行为或事件发生的原因习惯上倾向于做怎样的解释。归因通常分为三大维度:一是外部归因,即把所发生的事归因于外在情境因素;二是内部归因,即把事情发生的原因归结为个人内在的因素,如性格、努力程度以及自我情绪等;三是综合归因,即把事情发生的原因归结为内、外因素相互作用。

例如,天气恶劣导致列车晚点,如果旅客将其归因于外部不可抗力因素,旅客相对来说更容易唤起同情和理解等情绪,一般不会产生不满意、不愉快和挫折感;如果旅客将其归因于"为什么铁路运输企业对恶劣天气没有及时有效的应急方案",这就很容易导致不满,甚至愤怒。因为前者的归因是一些不可控的因素,而后者是可以改变的因素,旅客会因此对铁路客运企业的运营产生怀疑,甚至进行投诉。

(四)旅客的个性

个性也称个性心理特征,反映出人的心理面貌稳定的差异,主要包括能力、气质和性格。不同个性的旅客,在面对同样的事件时,其情绪表现会不同。例如,列车遇到信号故障,导致紧急停车,性格外向的旅客会有些好奇,尝试去打听更多的信息;而性格内向的旅客会想这个事故对自身会有多大影响。因此,旅客的情绪受到外在环境影响的同时,也受到自身个性的影响。

(五)旅客的身体状况

身体健康、精力旺盛是产生愉快情绪的条件之一。过度疲劳或身心健康欠佳,容易产生不良情绪。因此,客运服务人员应该随时注意旅客的身心状态,适时提供必要的帮助,使其保持积极愉悦的情绪。

(六)旅客团体及人际关系

乘车过程中,良好的人际接触和交往关系会带给旅客良好的乘车感受,在人际交往中,尊重别人、欢迎别人,同时也受到别人的尊重和欢迎,就会产生亲密感、友谊感。

一个团队中,成员之间如果相处和谐,相互信任、团结,就会使人心情舒畅、情绪积极;如果成员之间互不信任、相互戒备,则会使人随时都处在不安全的情绪之中。而人际关系不和谐,则容易与他人发生矛盾冲突,产生消极情绪,无法自我控制,最终导致不良后果,给铁路客运造成损失。

单元三

旅客情绪分析与服务

在正常铁路交通运营状态下,旅客出行的正常路径为:车站购票—检票进站—站台候车—登上列车—到站下车—离开站台—验票出站—出站离开。铁路交通在多专业、多工种的配合和衔接中难免会出现临时性故障,影响到旅客出行的安全顺畅,从而造成旅客的情绪波动。

一、识别旅客情绪对铁路客运服务的意义

(一)识别旅客情绪是客运服务的切入点

为旅客提供愉悦的出行体验是铁路客运服务企业提升自身竞争力的重要途径,透过旅客的情绪了解旅客心理是进行高质量客运服务的切入点。旅客的心理波动通常会伴随一些典型的外在表现症状,作为客运服务人员,要学会分析旅客的外在表现,及时掌握旅客情绪的变化发展,更好地预测其行为发展趋势,从而有效地疏导和调适旅客的不良情绪反应。

(二)掌握旅客不良情绪是客运服务的防御点

由于旅客背景来源不同,不排除有极个别旅客情绪失控的情况,这不仅影响正常的客运服务秩序,也会引起旅客群体的消极情绪状态。因此,一名优秀的铁路客运服务人员要时刻以敏锐的观察力去观察车站、列车等周围的一切,同时能够迅速、果断地调控周围人群的情绪,做到眼观六路、耳听八方。一旦感受到消极和危险的情绪苗头,必须在第一时间进行疏导和调适。因此,掌握旅客的不良情绪是铁路客运服务工作中的一个重要的防御点。

二、旅客不良情绪的调节与服务

旅客不良情绪会对铁路客运服务造成一定的破坏性,对旅客情绪调节的能力体现了铁路客运服务水平。

(一)建立良好的沟通渠道及氛围

客运服务人员要加强修炼自身的礼仪修养,在服务岗位上多注意言语动作表现和仪容仪表。说话办事有分寸,适当运用幽默艺术调节气氛。要注意对话平等,尊重对方,态度诚恳,不要高高在上,也不必卑躬屈膝。更不能一开口就把旅客惹火激怒,或一接触就让旅客鄙夷或让旅客觉得受到鄙视和怠慢。

如果旅客对客运服务工作不满,向工作人员投诉,工作人员必须认真听取。接待者可以用自己的语言阐述投诉或抱怨的内容,采取换位思考的方法,具有同理心。要全身心关注旅客,不时地点头示意,以表示在认真听取他的意见。若遇到非常认真的旅客,接待者在听取旅客意见时还应做一些记录,以表示对旅客的尊重及对其反映问题的重视。

建立一个良好的沟通渠道和谈话氛围,有益于解决问题,反之,可能会激怒旅客,不利于解决问题。

案例 4-3

营造良好乘车氛围

2023 年暑假期间,西安客运段在西安开往宝鸡的 T4243 次列车上举办了"争当列车文明小天使"活动,通过快闪演出、互动提问等形式,让旅客们更好地了解铁路列车文明出行礼仪,营造列车文明出行的良好氛围,如图 4-3 所示。

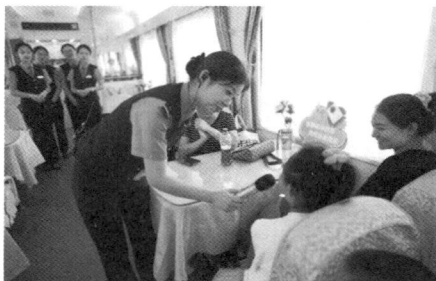

■ 图 4-3
营造良好乘车氛围

(二)先调整情绪后解决问题

情绪具有感染性,感染的结果往往是好情绪促成良性循环,坏情绪导致恶性循环。在客运服务中经常遇到这样的情况:在客运服务人员和旅客的沟通过程中,往往是从起初的心平气和到一方先出言不逊,最终因为双方情绪的相互影响而导致冲突爆发。

因此,客运服务人员应本着"从我做起"的原则,主动展示良好情绪去感染旅客,促成良性循环。面对情绪激动的旅客,务必掌握"先调整情绪后解决问题"的窍门,首先自己不能受旅客坏情绪的影响,同时,请乘警维持现场秩序,防止因无人监管,使事态进一步恶化。一旦遇到不合理地宣泄情绪的旅客,客运服务人员一定要保护好自己和周围乘客,避免伤及无辜。

(三)提升应对突发事件的能力

1. 沟通信息,及时进行告知性服务

当列车晚点之后,旅客会想知道是什么原因导致的,具体延误到何时。

而一旦这些基本的要求没有得到满足,往往会让简单的事情变得复杂化,容易使旅客产生一种被忽悠的感觉。此时应及时告知旅客相关信息,以缓解旅客等待的焦急心情。

2. 动之以情、晓之以理的安抚性服务

客运服务人员只要动之以情,晓之以理,大多数旅客也是可以理解客运服务人员的工作和难处的。然而在问题发生时,服务部门更多的是晓之以理,缺乏了动之以情。事实上,当发生问题时,旅客会对服务部门有不同程度的意见和看法,情绪非常激动,人处于激动情绪中时,讲理的作用并不大,这个时候旅客更需要动之以情的人性化服务,晓之以理的工作应该放在旅客情绪稳定后进行。

3. 周到细致、体贴入微的现场保障性服务

采取适当补救措施,实施切实可行的方案解决问题,如及时送水、送饭、安排座位,对给旅客"造成的不便"表示歉意,一般情况下旅客能够理解体谅客运服务人员,不至于采取一些过激行为。由于列车延误给旅客带来的不便及造成的损失,应积极采取一些必要的补救性措施。

实践训练

体验与调节旅客的情绪

1. 实训目标

(1)结合实际客运工作,帮助学生提升对旅客情绪的认知;

(2)强化客运服务意识,初步培养学生对旅客情绪的疏导调节能力。

2. 实训内容

以小组为单位,根据以下情境(或自行设计类似情境)在课堂上进行角色扮演。

(1)情境。

一辆列车在经过一条隧道时发生故障,突然紧急停车。车辆停在隧道内两个小时,尚未开动……

由于停车时间过长,车内应急灯关闭了,车厢内一片漆黑,高温缺氧,人心躁动,有些旅客受不了,不顾客运服务人员阻拦,强行打开车门下车,场面十分混乱。

(2)模拟实践。

①模拟车厢中旅客焦急等待的情绪状态,体验旅客此时可能存在的情绪感受;

②如果你是列车上的客运服务人员,你将如何安抚车内旅客的情绪、处理好此次的突发事件?

3. 实训考核

评价模块:

(1)情境编排:占40%,考核内容如下。

①对话要符合相应职位角色;

②不同角色之间的对话要有效衔接,有针对性;

③整个情境内容编排合理,有主线。

(2)小组互动:占30%,考核内容如下。

①小组成员是否积极参与;

②每位成员是否认真准备相应角色的表演。

(3)角色扮演:占30%,考核内容如下。

①角色扮演是否投入;

②角色扮演者的表达是否清晰、声音是否洪亮;

③角色扮演者言行是否自然得当。

思考题

1. 简述情绪的构成。

2. 影响旅客情绪的因素有哪些?

3. 旅客不良情绪的调节与服务内容有哪些?

高速铁路旅客需要心理与服务

◎ 学习目标

1. 了解需要的概念；
2. 理解需要的种类和层次；
3. 掌握旅客的需要心理，提升客运服务能力。

✺ 内容结构

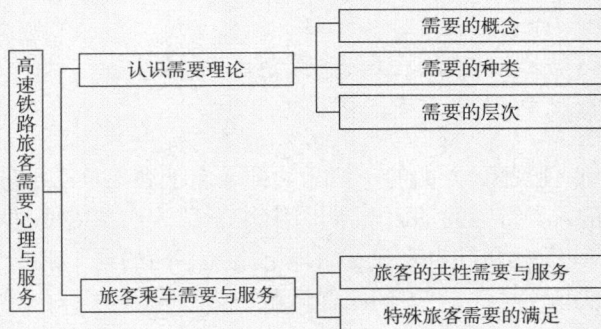

✺ 课前导学

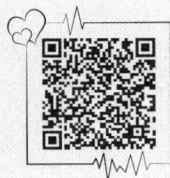

案例 5-1

58 名来自蒙古国的旅客为中国列车乘务员点赞

××年 11 月 17 日,呼和浩特客运段乌兰浩特 6 组值乘的 K2013 次列车从乌兰浩特站始发,58 位来自蒙古国的旅行团客人要乘车前往锡林浩特。

列车长张俊华了解到他们没有随团翻译,无法使用汉语和列车乘务员交流,立即指派精通蒙古语的蒙古族列车员特日格勒前往蒙古国旅客所在车厢服务,逐一了解他们的旅行需求。

当了解到旅行团有重点旅客时,张俊华和特日格勒及时为刚做完手术的旅客调换铺位,并对怀孕的旅客给予特别关照。

旅行途中,特日格勒还耐心向蒙古国旅客介绍列车设备设施、安全常识和车上的餐饮供给情况,随时满足蒙古国旅客的各项需求。旅行团的领队安置好队伍以后,主动找到列车长,激动地表示:"我们是第一次乘坐中国的火车,踏上列车的那一刻,我们还为语言沟通障碍而忐忑不安。旅行途中有您和特日格勒的帮助,有列车工作人员的照顾,我们感受到了中国铁路服务的贴心,我代表所有旅行团成员为中国铁路点赞!"

短暂的旅途,温馨的陪伴,列车乘务员的真心付出让素不相识、来自异国他乡的友人感受到了中国铁路的温暖,也收获了旅客诚挚的感谢。

同步思考

(1)列车长是如何满足旅客需求、做好旅客服务的?

(2)在列车服务过程中,旅客还可能有哪些需要?

需要是人的重要心理现象,人们的一切活动都是出于满足自己生理上或心理上的某种需要,是人类行为的动力源泉。因此,了解人们的需要,便于我们更好地理解人的心理活动和行为表现。而理解旅客不同的乘车需要,就可以提供更有主动性、更有针对性、更周到的客运服务。

单元一

认识需要理论

一、需要的概念

需要是有机体内部的一种不平衡状态,它表现为有机体对内部环境或外部生活条件的一种稳定的要求,并成为有机体活动的源泉,这种不平衡状态包括生理和心理的不平衡。例如,血液中水分缺乏会产生喝水的需要,血糖下降会产生进食的需要,社会治安不好会产生安全的需要等。在需要得到满足后,这种不平衡状态暂时得到消除,当出现新的不平衡时,又会产生新的需要。

需要是由个体对某种客观事物的要求引起的,这种要求可能来自有机体的内部,也可能来自个体周围的环境。例如,人渴了需要喝水,这种需要是由机体内部的要求引起的;父母"望子成龙"要求孩子积极向上,这种需要是由外部要求引起的。当人们感受到这些要求,并引起个体某种内在的不平衡状态时,要求就转化为某种需要。需要总是指向能满足某种要求的客体或事件,并从中得到满足。

需要是个体活动的基本动力,人的各种活动或行为,从饥则食、渴则饮到从事物质资料的生产、文学艺术作品的创作、科学技术的发明与创造,都是在需要的推动下进行的。需要达到一定的程度,才能激发人朝着一定的方向前行,需要越强烈,引发的动机就越强烈,行动的动力就越充足。

二、需要的种类

人的需要是多种多样的,按照不同的标准和角度,对需要有着不同的种类划分。目前,大多数学者主要从需要的起源和需要的指向对象两个方面对需要进行划分。

(一)按需要的起源划分

按需要的起源划分,可将需要划分为自然性需要和社会性需要。

1.自然性需要

自然性需要是指有机体为了维持生命和种族延续所必需的需要,它是人与生俱来的,是人的低级需要。这类需要主要包括以下三种。

(1)为了生存所必需的食物、水分和空气,必要的休息、睡眠和排泄。

（2）为了种族延续所必需的求偶、婚配等。

（3）为了避免某些有害的事物和不愉快的刺激所必需的回避和排除等。

2. 社会性需要

社会性需要是指与人的社会生活相联系的劳动、交往、成就、道德等方面的需要，它是人在后天长期的社会生活中习得的。人作为社会群体中的一员，就会产生社会性需求。这类需要主要包括以下三种。

（1）劳动的需求。这是人生存的首要条件，一旦丧失劳动力，便会感到焦虑和难过。

（2）交往的需求。人是社会团体中的成员，渴望得到他人的关心、爱护、尊重、支持，愿意与他人亲近、与他人交往。一旦被孤立或隔绝，便会产生恐惧和不安。

（3）成就的需要。个人对自认为重要的、有价值的事力求取得成功的欲望，如名誉、地位、声望等。一旦没有成功，便会产生失望和挫败感。

（二）按需要的指向对象划分

按需要的指向对象划分，可将需要划分为物质需要和精神需要。

1. 物质需要

物质需要是指个体对物质生活中的衣、食、住、行等物品的需要，以及对精神生活中学习、工作、娱乐、运动等方面的物质条件的需要。物质需要既包括维持生命机体的自然需要，也包括人的高级的社会需要。

2. 精神需要

精神需要是指个体对精神文化方面的需求。人与动物不同，人除了基本的物质需要外，还有认识的需要、交往的需要、道德的需要、劳动的需要、美的需要等。精神需要会比物质需要给人带来更强烈的幸福感。

以上两种分类是一种相对的划分，二者是相互交叉的。例如，就进食而言，它既是自然性需要，也是物质需要；就人际交往而言，它既是社会性需要，也是精神需要。

三、需要的层次

根据需要出现的先后及强弱顺序，把需要分为五个层次，由低到高如下所示。

（一）生理的需要

生理的需要是人为了能够生存而必不可少的需要，是最原始、最基本、优先满足的生活需要，如食物、水、空气、睡眠等的需要。生理的需要在五个层级中处于最低层，是一种较低层次的需要，但是它占有绝对的优势。如果一个人的生理需要得不到满足，个体的生理机能就无法正常运转，那么其他需要将会被忽视或被放置到次要位置。

（二）安全的需要

当人的生理需要得到满足以后，另一种新的需要便会出现，这就是安全的需要。安全的需要是指人们对安全的社会环境、稳定的工作与收入、希望得到保护、免除恐惧与焦虑和免于灾难等的需要。心理学家认为，人们喜欢安全、有秩序、可以预测、有组织的世界，在那里人们会有所依靠，不会发生难以控制的或其他危险的事情。安全需要的含义是广泛的，从世界和平、社会安定直至个人的安全出行。

（三）爱与归属的需要

爱与归属的需要主要指人们渴望与团体中的成员建立良好的情感联系，希望爱与被爱，即给别人爱和接受别人的爱。希望被他人信赖、接纳和认可，渴望与他人建立深厚的情感。如果这一需要不能得到满足，个体将会产生强烈的孤独感、空虚感和疏离感，产生痛苦的情绪体验，不利于建立良好的人际关系。

（四）尊重的需要

心理学家认为，社会上所有的人都希望自己有稳定、牢固的地位，希望得到别人的高度评价。尊重的需要表现为自尊和来自别人的尊重两方面，自尊表现为一个人希望在各种不同情境中有实力、能胜任、充满信心、能独立自主；来自他人的尊重主要表现为一个人希望有地位、有威信，受到别人的尊重、信赖和高度评价。满足尊重的需要会使人产生自信，确信自己的价值和能力。反之，人将会受到挫折与打击，从而感到失落、无助、自卑和无能。

（五）自我实现的需要

自我实现的需要是人们充分发挥自身的潜能，最终成为自己所期望的人的一种需要，是实现个人理想、抱负，发挥个人的能力到最大限度的需要，是需要的最高层次。满足了自我实现的需要人能体会到最大的快乐，得到极大的满足。为满足自我实现需要所采取的途径和方式是因人而异、截然不同的，这一需要也是个体之间差异最大的。

单元二

旅客乘车需要与服务

旅客是基于一定的旅行需要才激发出相应的动机来乘坐高铁列车的,而高铁客运服务的目的就是满足旅客合理的乘车需要。满足旅客需要,提升旅客满意度,才能再次激发旅客的乘车动力。

一、旅客的共性需要与服务

旅客在整个乘车过程中,作为临时性群体,有其共性的乘车需要,主要表现为以下八个方面。

(一) 安全需要与服务

旅客乘车旅行最根本的需要就是安全的需要,它包括人身安全和财产安全两个方面。每一位旅客都希望车站有良好的治安秩序,治安不好会使旅客提心吊胆、紧张不安。为保证旅行安全,旅客常综合考察自然环境状况、社会治安情况和运输工具的安全性等内容,再决定是否旅行以及采用何种出行方式。

针对旅客乘车力求安全的心理需要,努力实现安全要求是所有客运服务的首要工作。这就要求铁路运输部门加强铁路沿线、车站和列车的治安管理,从技术装备上提高运输载体的安全性,从安全管理上提高客运服务人员对不安全因素的预测和及时处理的能力。车站来往旅客众多、列车上人员密集,应维护好治安秩序,严厉打击违法犯罪分子,大力宣传旅行中的安全常识;严格执行进站时的"三品"检查,杜绝危险的发生;对危急病患及时采取应急救助措施,具备基本的救助保障能力;定期对候车大厅、列车车厢等场所设施进行消毒,特别是春运期间和流行病高峰期。

(二) 顺畅需要与服务

旅行的顺畅也是旅行者的一个共性心理要求。旅客到车站购票,能够顺利地买到自己需要的车票;上车时,人虽然多,但能够顺利地找到座位;需要用餐时,车站或列车上能够提供经济、卫生、可口的食物;列车在运行途中,不会因为某些原因,如路线施工、意外运行事故等耽搁列车正点到站;需要换乘时,有充裕的时间赶上换乘的列车等。这些都是旅客乘车时的顺畅心理要求。

要满足每位旅客的顺畅心理要求,做到时时顺畅、事事顺畅是不现实的。

但是,从客运服务管理角度,应尽最大的努力满足旅客的需要。如开通各种购票通道满足不同偏好旅客的购票需要;车站、列车上的导向标识清晰易懂,使旅客可以很顺利地找到自己的车厢、座位以及如何换乘、出站等;针对不同地区的人群特征,食物品类、形式可进行有针对性的供应;在列车运行过程中,由于运输部门的原因而发生的延误,影响到旅客到达目的地的时间和其他安排的,旅客有权了解延误的原因,客运服务人员有义务把事情的真相告知旅客,使旅客心中有数,减少焦虑和不安,使其能够提前进行下一步的安排。

旅客需要的种种顺畅需求都需要客运服务人员有良好的服务态度,在不能满足旅客要求时,要耐心解释,使旅客明白为什么需求没有得到满足。

(三)方便需要与服务

方便需要表现在购票、进出站、上下车以及中转换乘等方面的便捷性上。旅客出门旅行,希望处处都能方便,这是一种很普遍的共性心理需要。为了适应旅客的方便心理,可以采取一些措施。例如,售票处多开售票窗口,延长售票时间,减少旅客排队等候时间;旅客进、出站妥善安排检票口和检票人员;减少旅客进站上车的走行距离;站内通道设置引导牌;列车上随时办理补票手续;及时通告到站站名;餐车将盒饭送到每节车厢并保证饮用水及时供应等。满足旅客的方便心理要求的要点是使旅客感到处处、事事、时时方便,节省时间,能够使出行顺利完成。

💚 **案例 5-2**

哈尔滨火车站已全面开启"智慧模式"。不仅在售票口、检票口、出站口设置智能设施,卫生间也设置有"人脸识别"厕纸机。同时更新了进站人脸识别实名制闸机,旅客只需持身份证刷脸便可顺利进站,最快通过时间仅3秒。

(四)快捷需要与服务

随着社会的发展,人们的时间观念发生了重大的变化,要求交通工具快捷省时成为旅客乘车过程中常见、普遍的心理现象。

旅客的快捷心理,一方面体现在对交通工具的省时需求方面。旅客都希望以最快的速度到达目的地,尽量缩短时空距离。旅途时间过长会让人感觉枯燥乏味,且容易引起疲劳,特别是在快节奏的现代生活中,在交通上耗费过多时间,实质上是增加了旅客的交通成本,降低了时间效益。所以,缩短乘车时间,迅速到目的地,节约时间的同时减少乘车疲劳,是旅客的普遍心理需求。另一方面体现在对交通工具的准时需求方面。准时运行是运输部门最基本的工作规范和行业要求,不准时将会延误旅客的行程、浪费旅客的时间并打乱其旅途安排,从而使旅客蒙受多方面的损失。

因此,运输部门要加强准时运行的观念,做好全局的统筹调度工作,提供快捷准时的客运服务,防止晚点情况的发生,最大限度地满足旅客省时、准时的快捷心理需要。

(五)经济需要与服务

经济的需要表现为旅客希望尽可能减少所付出的费用和时间,即希望在一定的需要满足程度上,所付出的费用和时间最少。旅客在经济上的考虑一般是将两个因素结合在一起:一是花钱的多少,旅客会比较各类交通工具的费用多少;二是时间的长短,旅客还会比较各类交通工具所费时间,并且将费用与时间综合考虑,选出性价比最高的方案。当然,旅客的决定还会受到其他因素的影响,如交通出行的重要性、自身的经济承受能力等,如果出行非常重要,或者旅客经济承受能力较强,则旅客对经济的需求会有所下降。

了解不同地区旅客的经济状态、消费能力水平,有针对性地调整开通的高铁、快车、慢车等各类层次车型的比例,让有需要的群体有合适的出行方式。

(六)舒适需要与服务

随着经济的发展和生活水平的提高,旅客对乘车环境、文化娱乐、饮食休息等内容的要求也相应提高,希望乘车旅行能够更加舒适。

针对旅客求舒适的需要,车站应做好站内设备设施建设,美化站容、站貌,为旅客的舒适性需要创造充分的物质条件和环境;列车要做好车厢内的卫生,使旅客登上火车就有一种舒适、愉悦之感;列车在运行中,既要随时打扫,又要做好宣传,争取在旅客配合下保持好车厢卫生;车上的卫生间应注意用除臭剂清洗洁具和地面,不要随意关闭卫生间;硬座车厢应配备一定数量的超员凳,在有需要时供给无座的旅客使用;卧铺车厢的卧具要清洁,摆放整齐,夜里要及时拉好窗帘,到站前不要清洁卧具,以免打扰旅客等。

(七)安静需要与服务

一个井然有序的环境,可以使人心平气和、情绪平静,满足人的安静的心理需要。要保持旅客乘车时环境安静,加强对环境有序性的管理,这种有序性包括人和物两方面。一是人的方面:旅客本身要约束自己,不要大声交谈、来回走动等;客运服务人员有责任积极组织引导和制止不利于环境安静的事件,避免旅客大声喧哗、吵闹,更要避免与旅客发生争吵,影响其他旅客。二是物的方面:保持车站和列车公共场所的清洁卫生也是有序性的一种表现,清洁、卫生、舒适的环境使人心情愉快、平静;脏、乱、异味弥漫的乘车环境,会使人内心烦躁。

(八)尊重需要与服务

尊重是人的合理需要,每一位旅客都希望自己受到客运服务人员的尊重,能看到热情的笑脸,听到友善的话语,体验到温暖。一旦人格受到侮辱,自尊心受到伤害,旅客便会产生反感,甚至可能导致双方的冲突。

针对旅客的尊重需要,客运服务人员必须坚持文明服务,平等待人,不能以貌取人,更不能居高临下。例如,当旅客遇到不懂的问题或做错事时,不可以当众训斥旅客,不要让旅客在众人面前有失体面;对不小心损坏了站内设备的旅客进行处理时,态度要和蔼,语言要文明,不可得理不饶人;对有生理缺陷的旅客更应特别尊重,切不可评头论足;另外,服务用语不要用命令、催促、不耐烦的口吻,更不能讽刺挖苦旅客。

二、特殊旅客需要的满足

特殊旅客是指在乘车过程中由于各种各样的原因需要得到特殊服务与关注的旅客,一般包括婴幼儿、孕产妇、老年体弱者及病残人士等。特殊旅客服务就是基于这些旅客而做的服务。根据实际情况,对特殊旅客的针对性服务主要有以下内容。

(一) 老年旅客需要的满足

随着人的生命历程的发展,老年期是人的各方面机能衰退的时期。从生理上讲,老年人的认知能力变弱,体力、精力都不如青年人,行动变得迟缓,反应能力差,从而对环境的适应能力下降;从心理上讲,生理的变化必然引起心理的不适应,老年人孤独感较明显。我们应针对这些特点提供相应的服务,服务过程中一定要仔细、有耐心,语气要缓,动作要慢、要稳,特别是要尊重老年旅客的意愿。例如,老年旅客上车时,一定要热情打招呼,给他们创造愉快放松的氛围,引导他们找座位就座,并帮助他们放置行李;旅途中,经常询问他们的需求,并尽最大努力满足他们;上卫生间时,老年人腿脚不便,我们要主动搀扶;很多老年人自尊心强,不会主动寻求帮忙,怕给别人带来麻烦,对此,要主动去跟他们交流,让他们不感觉孤独,精神上的愉悦可以有效缓解疲劳,同时也可以进一步了解他们的需要;下车时,主动询问老年人是否需要帮助,及时联系车站工作人员进行协助。与老年旅客交流时,尽量大声,语速慢,主动向其介绍旅客服务设施及其使用方法,可请邻座旅客帮忙照顾,并告知如需要帮助可随时联系客运服务人员。

(二) 儿童旅客需要的满足

儿童旅客的基本特点是:性格活泼、天真幼稚、好奇心强、善于模仿、判断能力较差、做事不计后果。鉴于儿童旅客的这些特点,客运服务人员在提供服务的时候,尤其要注意防止一些站、车不安全因素的发生。例如,防止活泼好动的儿童乱摸乱碰站、车上的设施设备,可以提醒其监护人加强照看与监管;列车启动、停车时要注意防止儿童旅客四处跑动,提醒其监护人看管好随行儿童等。

(三) 病残旅客需要的满足

病残旅客包括两类:一类是突发疾病的旅客,如突发心脏病、癫痫病等的旅客;另一类是残疾旅客,如轮椅旅客、听障人士旅客和盲人旅客等身体有一定残疾的旅客。

与正常人相比,这类旅客自理能力差、有特殊困难,迫切需要他人的帮助。但是很多残疾旅客自尊心较强,不愿意被特殊对待。因此,客运服务人员在服务过程中要及时了解这些旅客的心理,特别要注意在交流过程中要尊重他们,最好悄悄地为他们提供帮助,让他们感觉到温暖。

客运服务人员在满足这类旅客需要时,应注意以下几点。

(1)了解病残旅客的具体情况,注意旅途中需要帮助的事宜。

(2)让病残旅客了解必要的服务设施,同时在需要帮助时能够及时告知客运服务人员。

(3)在旅途中,相关的客运服务人员要随时关注旅客的动态,但不要过度关注旅客的残疾部位,以免对旅客造成心理伤害。

(4)对于轮椅旅客,在下车前要帮忙联系站内工作人员。

(5)对于突发疾病的旅客,最重要的是及时抢救生命。学习急救知识是客运服务人员的基本要求,客运服务人员应根据旅客发病表现以及家属对病人情况的补充,进行判断并采用相应的应急处理措施。

案例 5-3

爱的符号:高铁车厢最美中国结

在 G483 次列车上,有一名躺在担架上、身患白血病的孩子。列车长张贝贝将一个红色中国结挂在担架旁,这代表重点旅客,途中需要精心照顾。张贝贝为孩子熬制了唯一能吃的白粥,还发动列车乘务组捐款,将大家的"爱心"交给孩子父亲,车厢内充满温情和暖意。

(四)孕妇旅客需要的满足

一般来讲,孕妇乘车时都会有随行人员陪同,客运服务人员对孕妇旅客一定要提供细致周到的服务。例如,孕妇候车时,将她们引导至母婴候车室,母婴候车室的客运服务人员要做好孕妇旅客提前进站上车的工作。在孕妇旅客乘车过程中,客运服务人员应做到"三知三有"(知座席、知到站、知困难,有登记、有服务、有交接),一旦孕妇旅客出现突发情况,要及时通知列车长,并广播寻医,确保孕妇旅客的安全。

案例 5-4

"高铁宝宝"诞生记

××年,列车长费文娟查验车票时,发现一名孕妇旅客脸色苍白、满头大汗,表情十分痛苦。原来,这位孕妇旅客的预产期提前,有了分娩征兆!

　　了解情况后，费文娟立即使用列车广播寻找乘车的医务旅客，偏偏列车上没有一位医务人员！列车距离下一站还有半个多小时的时间！而孕妇旅客情况紧急，即将临盆了！费文娟迅速组织列车乘务员将周围旅客疏散，在车厢内给待产孕妇腾出空间，用窗帘为孕妇搭建起了一个临时"爱心"产房！没有医务人员，列车乘务人员就临时上阵，充当起了接生医生，迅速启用急救产包，运用平时学到的急救知识为孕妇助产！与此同时，费文娟紧急与前方站点 120 急救中心取得联系。

　　在列车乘务员的紧急救助下，随着一声嘹亮的啼哭声，一名男宝宝在列车上呱呱坠地，成为呼张客专开通后诞生的首个"高铁宝宝"！

（五）国际旅客需要的满足

　　目前到我国旅游、工作、留学的外国友人越来越多。客运服务人员在为国际旅客服务时要了解他们此行的目的，态度要和蔼热情、不卑不亢，注意语言得体。另外，客运服务人员在为国际旅客提供服务时，要了解他们的文化背景。不同文化背景的人们在进行非言语交际的时候即使表达相同的意思，表达方式也各有不同。

　　要想有效地把握国际旅客的服务需求，客运服务人员必须能够与国际旅客进行有效沟通。沟通交流主要由言语和非言语两大部分组成，因此客运服务人员必须提高外语听力和口语能力，并注重不同文化沟通交流中非语言交际的作用，才能准确把握国际旅客需求，提升服务效果。

案例 5-5

春运期间，这条高铁上有外国乘务员！

　　"您好，请喝水，小心烫。"来自塔吉克斯坦的留学生志愿者张弛在 D1979 次列车，为乘高铁出行的旅客们送上热水。春运期间，他和西安交通大学的另外 4 名留学生组成"洋班组"（图 5-1），体验中国春运和高铁发展变化。

a)

b)

■ 图 5-1
"洋班组"

　　中国铁路西安局集团有限公司从西安高校招募了一些来自"一带一路"共建国家的留学生志愿者,有序组织他们在部分车站和列车上参与铁路春运,为旅客提供翻译、引导、答疑解惑等的小语种志愿服务。

实践训练

旅客需要满意提升方案

1. 实训目标

(1)使学生更加了解旅客的需要;

(2)掌握旅客的需要心理,更好地提高和完善旅客服务质量。

2. 实训内容

以小组为单位完成以下任务。

(1)调查和汇总旅客的出行需要;

(2)分析在车站内和列车上,哪些设施建设和服务是为了满足自然和物质需要的,哪些是为了满足社会需要和精神需要的,哪些又是为了特殊旅客需要而设置的;

(3)根据旅客多元化的出行需求,还要提升和完善哪些服务?试进行旅客满意度提升方案的设计。

3. 实训考核

(1)每组提交一份客运服务提升方案;

(2)每组制作一份PPT,在课堂进行汇报;

(3)根据各组方案及汇报表现,进行评分。

思考题

1. 需要的层次是什么?

2. 旅客的共性需要是什么?

3. 特殊旅客的需要是什么?

高速铁路旅客个性心理与服务

◎ 学习目标

1. 了解个性的基本概念；
2. 理解气质、性格和能力三种心理特征；
3. 掌握旅客个性心理特征差异与服务。

⊛ 内容结构

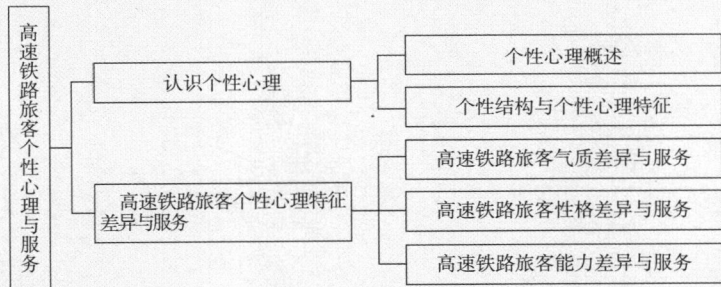

⊛ 课前导学

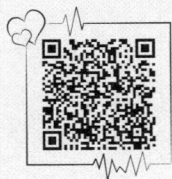

案例 6-1

冲动旅客殴打乘务员

××年,成都开往宁波的 K424 列车上,一名硬座席的旅客强行要坐软卧,女乘务员进行劝离,但是旅客坚持坐软卧,劝离无效。情绪激动的旅客竟然将一个玻璃杯砸向女乘务员,造成其头部受伤,脸上有多处伤痕。现场工作人员对受伤的乘务员进行初步处置,将其送往医院救治,打人旅客随后被警方控制,交由公安机关依法进行调查处理。

同步思考

(1)案例中的旅客为什么会有如此冲动的行为表现?

(2)面对个性不同的旅客,客运服务人员应该如何做好服务?

认识个性心理

　　世界上的每一个人都是独特的个体,都有自己的特点。由于遗传基因、人生经历、受社会影响程度不同,个体会表现出有异于他人的、鲜明的、独有的个性心理。

一、个性心理概述

(一) 个性的概念

　　个性亦称"人格",是指一个人的精神面貌或心理面貌的总和。"个性"一词来自拉丁文"persona",原指演员所戴的"面具",后来引申为人物、角色及其内心的特征或心理面貌。

　　个性有广义和狭义之分。广义的个性指个人的意识倾向和各种稳定而独特的心理特征的总和;狭义的个性通常指个人心理面貌中与共性相对的个别性,即个人独具的心理特征。

　　个性指的是一个人在生活实践中经常表现出来的、比较稳定的、带有一定倾向性的个体心理特征的总和。

(二) 个性的基本特征

　　个性具有如下一些基本特征,这些基本特征能够帮助我们加深对个性内涵的理解。

1. 稳定性与可塑性

　　人们在评价他人时常说"江山易改,本性难移",这是一个关于个性稳定性的描述。人的个性一旦形成,就会具有稳定性。人偶尔出现的行为表现并不能代表其个性,只有那些稳定的、经常出现的、有一定倾向性的行为才能视为其个性的一部分。

　　个性的稳定性是一种相对稳定。一个人的个性形成以后,随着社会生活环境的改变以及一些重大事件的发生,会对个体的个性产生不同的影响,每个人的变化程度因人而异,各不相同,这些是可塑性的一面。

2. 独特性与共同性

　　"人心不同,各如其面",人的个性的不同,就如同人的容貌不同一般,各具特色。个体之间由于遗传基因的差异、后天环境的影响、受教育程度的不同,会形成千差万别的个性心理特点,这就是个性的独特性。

个性的独特性并不代表社会个体的个性毫无共性可言,个性中也有人类共有的个性特征,也有民族共同的个性特征,还有各种亚群体共同的个性特征,这些是个性中的共同性。

3. 整体性与统一性

个性是由各种稳定的心理倾向和心理特征构成的一个有机整体,其各个组成部分相互联系又相互制约。如果其中某一部分发生了变化,其他部分也将随之发生变化。任何一个组成部分的意义只有在个性这个整体中才能确定,这就使个体表现出具有个人整体倾向的精神风貌。

当一个人的个性组成部分具有内在一致性,在各方面彼此统一和谐时,人的个性也就是人格是健康的;如果一个人个性的整体性、统一性发生了分裂或解体,则会导致各种人格障碍的出现。

4. 生物性与社会性

人的个性是在先天的生物性的基础上,通过后天的学习、教育与环境的作用逐渐形成的。因此,个性首先具有生物性,这是个性形成的物质基础与前提条件。个性是个体在生活过程中逐渐形成的,很大程度上受社会文化、教育和环境的影响。因此,个性并非单纯遗传的产物,它被深深地打上了社会的烙印。有的哲学家指出,人的本质并不是单个人所固有的抽象物,实际上,它是一切社会关系的总和。由此可见,个性是生物性与社会性的统一。

二、个性结构与个性心理特征

(一) 个性结构

从构成方式上讲,个性其实是一个系统,其由以下三个子系统组成。

1. 个性倾向性

个性倾向性是推动人进行活动的基本动力,决定着人对周围世界认识和态度的选择及趋向,决定着人追求什么,包括需要、动机、兴趣爱好、理想、信仰和世界观等。它以积极性和选择性为特征,是个性结构中最活跃的因素。

2. 个性心理特征

个性心理特征是一个人身上经常表现出来的本质的、稳定的心理特点,包括气质、性格和能力,是个性心理结构中最为稳定的成分。这种稳定的心理特征是个性倾向性稳固化和概括化的结果。

3. 自我

自我就是自我意识,指一个人对自己的意识,主要包括自我认识、自我体验和自我控制,是对自己身心活动的觉察、调控,是个性的基础。

人格"三我"结构

心理学家将人格结构分为三个层次：本我、自我和超我。

1. 本我

本我（id）位于人格结构的最底层，是由先天的本能、欲望所组成的能量系统，包括各种生理需要。本我具有很强的原始冲动力量，心理学家称其为"力比多"（libido）。本我是无意识、非理性、非社会化和混乱无序的，它遵循快乐原则。

2. 自我

自我（ego）是从本我中逐渐分化出来的，位于人格结构的中间层。其作用主要是调节本我与超我之间的矛盾，它一方面调节着本我，另一方面又受制于超我。它遵循现实原则，以合理的方式来满足本我的要求。

3. 超我

超我（superego）位于人格结构的最高层次，是道德化了的自我，由社会规范、伦理道德、价值观念内化而来，其形成是社会化的结果。超我遵循道德原则，具有三个作用：一是抑制本我的冲动，二是对自我进行监控，三是追求完善的境界。

在人格结构里，本我、自我和超我三者相互交织在一起，构成人格的整体。它们各自代表了人格的某一方面，本我是生物本能我，自我是心理社会我，超我是道德理想我。它们各自追求不同的目标，本我追求快乐，自我追求现实，超我追求完美，当三者处于协调状态时，人格表现出一种健康状况；当三者互不相让、产生敌对关系时，就会产生心理疾病。

（二）个性心理特征

三个个性子系统之间相互影响、相互渗透。个性心理特征会受到个性倾向性的调节，同时个性倾向性随着个性心理特征的改变会产生一定程度的变化，而自我把人的个性心理特征和个性倾向性连成一个有机的整体。

其中，个性心理特征是个性结构中最稳定的、本质的心理特点，它反映出人心理面貌的差异。因此，高速铁路客运服务人员应从探索旅客的个性心理特征出发，从气质差异、性格差异和能力差异入手，对旅客进行个性心理分析，从而提升高速铁路客运服务的人性化、个性化。

单元二

高速铁路旅客个性心理特征差异与服务

一、高速铁路旅客气质差异与服务

(一)气质的概念

气质是指人生来就具有的某种稳定的心理活动的动力特征,相当于人们日常生活中所说的"脾气""秉性""性情"。我们可以从以下两个方面对气质进行理解。

1.心理活动的动力特征

心理活动的动力特征主要指心理过程的强度、速度、稳定性和指向性等方面在人的行为活动中的表现。其中,心理过程的强度主要指情绪体验的强弱、意志努力的强度;心理过程的速度主要指对事物感知的快慢、思维的敏捷程度;心理过程的稳定性主要指注意力集中的稳定性和情绪的稳定性;心理活动的指向性主要指个体心理活动倾向于指向内心世界还是外部事物。

2.具有先天性和稳定性特征

气质在很大程度上受遗传因素的影响,与人的神经系统活动有关。例如,婴儿一出生就表现出各自的气质差异,有的婴儿安静,有的婴儿却爱哭。

气质形成的时间早,一旦形成便很难改变,这就是气质的稳定性。但气质也不是一成不变的,在后天的社会环境的影响下,有的气质是可以隐藏或改变的,只是这种改变是一种细微的变化,而且变化的速度较慢。

(二)气质的类型

构成气质的心理特征有很多,按这些心理特征的不同组合,可以把人的气质分为多种不同的类型。

1.体液学说

体液学说认为人体含有四种不同的液体,即血液、黏液、黄胆汁和黑胆汁,它们分别产生于心脏、脑、肝脏和胃。这四种体液形成了人体的性质,机体的状况取决于这四种液体的不同混合比例。血液占优势的人属于多血质,黏液占优势的人属于黏液质,黄胆汁占优势的人属于胆汁质,黑胆汁占优势的人属于抑郁质。至今,心理学界仍然沿用这四种气质类型的名称。

(1)多血质。多血质类型的人行动具有很高的反应性。这类人的情感和行为动作发生得很快,变化得也快,但较为温和;善于结交朋友,容易适应新的环境;具有较好的语言表达力和感染力,姿态活泼,表情生动,有明显的外倾性特点;机智灵敏、思维灵活,但常表现出对问题不求甚解;注意力与兴趣易于转移,不稳定;在意志力方面缺乏忍耐性,毅力不强。

（2）黏液质。黏液质类型的人反应性低。这类人情感和行为动作进行得迟缓、稳定,缺乏灵活性;情绪不易发生,也不易外露,很少产生激情,遇到不愉快的事也不动声色;注意稳定、持久,但难以转移;思维灵活性较差,但比较细致,喜欢沉思;在意志力方面具有耐性,对自己的行为有较强的自制力;态度持重,沉默寡言,办事谨慎细致,从不鲁莽,但对新的工作较难适应,行为和情绪都表现出内倾性,可塑性差。

（3）胆汁质。胆汁质类型的人反应速度快,具有较高的反应性与主动性。这类人的情感和行为动作产生迅速而且强烈,有极明显的外部表现;性情开朗、热情、坦率,但脾气暴躁,好争论;在情感上易冲动,但不持久;精力旺盛,经常以极大的热情从事工作,但有时缺乏耐心;思维具有一定的灵活性,但又常不求甚解;意志坚强、果断勇敢,注意力稳定而集中,但难以转移;行动利落而又敏捷,说话速度快且声音洪亮。

（4）抑郁质。抑郁质类型的人有较高的感受性。这类人的情感和行为动作进行得都相当缓慢、柔弱;情感容易产生,而且相当深刻,隐晦而不外露,易多愁善感;往往富于想象,聪明且观察力敏锐,善于观察他人观察不到的细微事物,敏感性高,思维深刻;在意志方面常表现出胆小怕事、优柔寡断,受到挫折后常心神不安,但对力所能及的工作表现出坚忍的精神;不善交往,较为孤僻,具有明显的内倾性。

图6-1的漫画显示出不同气质类型的人在面对相同事件时的不同反应。

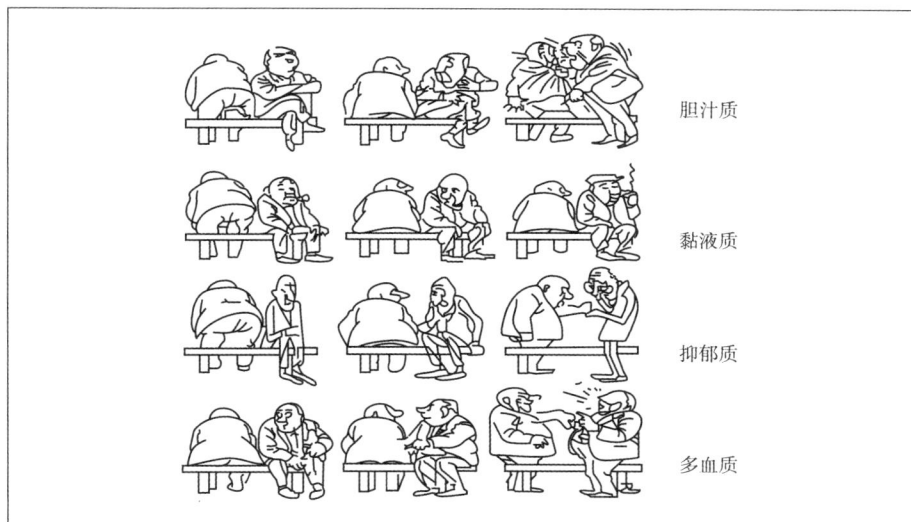

测一测

气质类型测试(参见附录)。

2. 高级神经活动类型学说

心理学家通过动物实验研究发现,高级神经活动的兴奋和抑制过程有独特、稳定的结合,构成了高级神经活动类型。高级神经活动的兴奋和抑制过程具有强度、平衡性、灵活性三个基本特性。这三个基本特性的不同组合构成了以下四种高级神经活动类型。

(1)强、不平衡型。强、不平衡型的特点是兴奋、抑制过程都强,但兴奋过程略强于抑制过程,是易兴奋、奔放不羁的类型,又称兴奋型或不可遏制型。

(2)强、平衡、灵活型。强、平衡、灵活型的特点是兴奋与抑制过程都比较强,并容易转化,反应敏捷,表现活泼,能适应变化的外界环境,又称活泼型。

(3)强、平衡、不灵活型。强、平衡、不灵活型的特点是兴奋与抑制过程都较强,但两者转化较困难,是一种安静、沉着、反应较为迟缓的类型,又称安静型。

(4)弱型。弱型的特点是兴奋与抑制过程都弱,过强的刺激容易引起疲劳,甚至引起神经衰弱、神经官能症,并以胆小畏缩、反应速度缓慢为特征,又称抑制型。

心理学家认为,除了这四种类型外,还存在其他未知的神经系统特征和气质类型。现代心理学认为,神经活动类型是气质的生理机制,因此高级神经活动类型学说是有关气质生理机制学说中最有影响、最重要的一种理论。

上述高级神经活动类型学说中四种气质的类型,分别能够与体液学说中四种气质的类型相对应,如表6-1所示。

高级神经活动类型和四种气质类型的对照表　　　　表6-1

神经类型(气质类型)	强度	平衡性	灵活性	行为特点
兴奋型(胆汁质)	强	不平衡	—	攻击性强、易兴奋、不易约束、不可抑制
活泼型(多血质)	强	平衡	灵活	活泼好动,反应灵活、好交际
安静型(黏液质)	强	平衡	不灵活	安静、坚定、迟缓、有节制、不好交际
抑制型(抑郁质)	弱	—		胆小畏缩、消极防御、反应缓慢、敏感

心理阅读
6-2

"看戏迟到"与气质类型

心理学家曾巧妙地设计了"看戏迟到"的特定问题情境,对四种典型气质类型的人进行观察研究。结果发现,四种典型气质类型的观众,在面临同一情境时有截然不同的行为表现。

胆汁质的人面红耳赤地与检票员争吵起来,甚至企图推开检票员,冲过检票口,径直跑到自己的座位上去,还埋怨戏院时钟走得太快。

多血质的人明白检票员不会放他进去,他不与检票员争吵,而是悄悄跑到楼上另寻一个适当的地方来看戏剧表演。

黏液质的人看到检票员不让他从检票口进去,便想反正第一场戏不大精彩,还是暂且到小卖部待一会儿,待幕间休息再进去。

抑郁质的人对此情境会说自己老是不走运,偶尔来一次戏院就这样倒霉,接着就垂头丧气地回家了。

在现实生活中,并不是每个人的气质都能归入某一气质类型。除少数人具有某种气质类型的典型特征之外,大多数人都偏向于混合型,也就是具有某一气质类型的特点的同时又具有其他气质类型的一些特点。

(三) 为不同气质类型旅客服务的注意事项

1. 为胆汁质类型的旅客服务

胆汁质类型的旅客最大的特点就是脾气急躁、容易冲动、难以自制。在与人交流中,这类旅客一般语速较快,伴有显著的肢体语言,情绪外露,一旦等待时间较长会表现得没有耐心、很急躁。因此,在为胆汁质类型的旅客服务时,客运服务人员应注意自己的服务态度和情绪控制,态度亲切、细心周到、言语温和。对待旅客的激烈反应,能够及时应答、沉着应对、冷静处理,不受旅客的情绪影响,尽量不要触发该类旅客的冲动点导致矛盾。

2. 为多血质类型的旅客服务

多血质类型的旅客通常活泼好动,善于交谈,喜欢与人交往。为多血质类型的旅客服务时,客运服务人员应注意交谈的互动性,在交谈过程中主动为旅客提供更多的信息来满足他们的好奇心。在解决多血质类型的旅客的疑难问题时,多注意他们愿意尝试新鲜事物、变通性比较强的特点,转移其注意力,化解矛盾和问题。多血质类型的旅客情绪一般明显外露,客运服务人员可以根据旅客情绪表现适时调整应对策略,耐心对待,有问必答。

3. 为黏液质类型的旅客服务

黏液质类型的旅客通常表现得安静、稳重,没有太大的情绪变化,因为这些特点,客运服务人员往往不太清楚这类旅客心里到底在想什么、要什么,得不到该类旅客对于服务的信息反馈。因此,在为黏液质类型的旅客服务时,客运服务人员要多注意自己的服务态度,严格按照正确的流程工作,在不过分关心的基础上提出合理的建议,注意服务细节。

4.为抑郁质类型的旅客服务

抑郁质类型的旅客让人感觉很孤僻,不容易与之交流,但他们却很敏感。客运服务人员在为这一类型旅客服务时,应当表现得放松和随意些,不特别关注他们,尽量避免造成此种类型旅客的不自在。避免不善交流但非常敏感的抑郁质类型旅客产生悲观情绪,从而影响乘车的行为。

二、高速铁路旅客性格差异与服务

(一)性格的概念

性格是人对现实的稳定的态度和习惯化了的行为方式,是在后天社会环境中逐渐形成的。性格能直接反映出一个人的道德风貌,因此具有好坏之分。

哲学家指出,一个人物的性格不仅表现在他做什么,而且表现在他怎样做。"做什么"体现了人对现实的稳定态度,包括对生活的热爱、对友谊的忠诚、对他人的礼让、对邪恶的仇恨等;"怎样做"体现了人的习惯化的行为方式,如举止优雅稳重、神态温和、谈吐幽默等。

人对现实的态度和与之相应的行为方式的独特结合,就构成了一个人区别于他人的独特性格。一般而言,态度决定行为,行为体现态度,二者是统一的。

(二)性格与气质

性格与气质都是描述个人典型行为的个性心理特征,二者既有区别,也有联系。

1.性格与气质的区别

(1)气质是先天的,而性格是后天的。气质主要是受神经系统特点影响,发生在生命历程的早期;性格是在后天社会环境中形成的,有很强的社会性。

(2)气质的变化较慢,可塑性较小,即使可能改变,也非常不容易;性格的可塑性较大,环境对性格的塑造作用是明显的,即使已经形成稳定的性格,改变起来也要容易些。

(3)气质本身无好坏善恶之分;性格具有社会评价系统,有好坏善恶之分。

2.性格与气质的联系

(1)气质按照自己的动力方式渲染性格特征,从而使性格特征具有独特的色彩。例如,同样是乐于助人的性格特征,多血质者在帮助别人时,往往动作敏捷、情感外露;而黏液质者可能动作沉着、情感内敛。

(2)气质较性格出现得更早,会影响个体性格的形成。

(3)性格对气质有掩蔽的作用。根据社会规范或工作职业的要求,性格在一定程度上会掩盖本身的气质。

(三)性格类型

本书以"大五人格理论"为基础,对性格类型进行分类。所谓"大五",是指人的个性可从五大维度进行评估,即外向性、谨慎性、宜人性、开放性和神经质。

1. 外向性

外向性的显著标志是个体对外部世界的积极投入。外向性旅客乐于与人相处,充满活力,常常怀有积极的情绪体验。内向性旅客往往安静、抑制、谨慎,对外部世界不太感兴趣。内向性旅客喜欢独处,其独立和谨慎有时会被错认为是不友好或傲慢。

2. 谨慎性

谨慎性是指旅客控制、管理和调节自身冲动的方式。冲动并不一定就是坏事,有时候环境要求人们快速决策。冲动性的旅客常被认为是快乐的、有趣的。但是冲动的行为常常会给旅客自身带来麻烦,虽然会给个人带来暂时的满足,但却容易产生长期的不良后果。人们一般认为谨慎的人更加聪明和可靠,但是谨慎的人可能是一个完美主义者。极端谨慎的个体让人觉得单调、乏味,缺少生气。

3. 宜人性

宜人性反映了每一位旅客在合作与社会和谐性方面的差异。宜人的旅客重视和周围人的和谐相处,因此他们体贴友好、大方谦让、乐于助人。不宜人的旅客更加关注自己的利益,他们一般不关心他人,有时候还会怀疑他人的动机。

4. 开放性

开放性描述旅客个体的认知风格。开放性得分高的人富有想象力和创造力,好奇,欣赏艺术,对美的事物比较敏感。开放性的人偏爱抽象思维,兴趣广泛。封闭性的人讲求实际,偏爱常规,比较传统和保守。

5. 神经质

神经质指旅客个体体验消极情绪的倾向。神经质维度得分高的旅客更容易体验到诸如愤怒、焦虑、抑郁等消极的情绪,他们对外界刺激反应比一般人强烈,对情绪的调节能力却比较差,思维、决策以及有效应对外部压力的能力也相对较弱,因此会经常处于一种不良的情绪状态中。相反,神经质维度得分低的旅客较少烦恼,较少情绪化,比较平静,但这并不表明他们经常会有积极的情绪体验。

(四)为不同性格类型的旅客服务的注意事项

高速铁路客运服务人员要在很短的时间内对旅客的性格进行精准的判

断,需要不断地细致观察旅客外在行为表现及情绪特征,才能更好地为旅客提供个性化的服务。

1. 为不同外向性维度的旅客服务

为外向性维度高的旅客服务时,客运服务人员应注意维护旅客外向、乐观、做人做事都喜欢占主导地位的心理,调整好自己的心理状态,尽量满足旅客的合理需求和乘车意愿,真诚对待,利用旅客的心理特点进行引导;为外向性维度低的旅客服务时,应给予充分的尊重,有条不紊地按照服务准则进行服务,以理服人。服务时还要做到有理有据,严守客运服务守则,提高服务水平。

2. 为不同谨慎性维度的旅客服务

谨慎性性格的旅客最大特点是言语不多,交流互动很少,容易导致无法了解对方是否明白自己所表达的意思。在为这种性格类型的旅客提供客运服务时应特别注意旅客的反馈,以免因为沟通的原因造成麻烦和工作失误。

3. 为不同宜人性维度的旅客服务

宜人性性格的旅客比较随和、易于相处。为这种性格的旅客服务时应注意语言标准和行为规范。可以在服务的同时,多用同理心与其共情,这样在说明工作的要求和规范的同时能够获得对方的理解和支持。

4. 为不同开放性维度的旅客服务

为开放性维度高的旅客服务时,客运服务人员应当尽量用专业知识回答旅客的提问,满足旅客的探索心理需要,以旅客的目标为导向;为较封闭和实际型性格的旅客服务时,要展示出客运服务人员的效率和能力。

5. 为不同神经质维度的旅客服务

为神经质维度较高的旅客服务时,要注重细节,注重言语措辞,维护旅客的权利,通过精细化的服务消除旅客的不安全感和自怜心理;为神经质维度较低的旅客服务时,应直截了当,为旅客提供概要的信息和选项,凡事以乘车任务为导向,严谨正式,帮助旅客完成乘车过程。

三、高速铁路旅客能力差异与服务

(一)旅客能力的概念

能力是人顺利、有效地完成某种活动所必备的个性心理特征。能力总是和人的某种活动相联系,通过活动表现出来,并在活动中得以发展。在活动中才能看出某个人是否具有某种能力,能力的高低也只能通过活动来进行比较。同时,顺利完成某种活动不是依靠单一的能力,而是依靠综合能力来实现的。例如,同样是第一次在某车站乘车,甲比乙更快了解车站信息,更快速地找到候车室和车站相关设施,就说明甲的乘车能力要强于乙。

（二）旅客能力与性格

能力与性格是个性心理特征中的两个不同侧面。能力与性格不同，能力是决定心理活动的基本因素，活动能否顺利进行与能力有关；性格则表现为人的活动指向什么，采取什么态度，怎样进行。

能力与性格是在实践过程中发展起来的，两者之间相互影响、相互联系。性格制约着能力的形成与发展，能力也会促进相应的性格特征随之发展。

（三）旅客的能力类型

1. 一般能力和特殊能力

（1）一般能力。一般能力指在不同种类的活动中均有所表现的能力，如观察力、记忆力、抽象概括、想象力、创造力等。其中抽象概括力是一般能力的核心。平时我们所说的智力，就是指一般能力。人要完成任何一种活动，都和这些能力的发展分不开。

（2）特殊能力。特殊能力指在某种专业活动中表现出来的能力，是顺利完成某种专业活动的心理条件。例如，画家的色彩鉴别力、形象记忆力；音乐家区别旋律的能力、音乐表现能力以及感受音乐节奏的能力等，均属于特殊能力。

2. 模仿能力和创造能力

（1）模仿能力。模仿能力是指人们通过观察别人的行为、活动来学习各种知识，然后以相同的方式做出反应的能力，如儿童在家庭中模仿父母的说话方式、表情等。模仿是一种重要的学习能力。

（2）创造能力。创造能力是指产生新的思想和新的产品的能力。一个具有创造力的人往往能超脱具体的知觉情境、思维定式、传统观念和习惯势力的束缚，在习以为常的事物和现象中发现新的联系和关系。例如，作家在头脑中构思新的人物形象，创作新的作品。

模仿和创造是两种不同的能力，人们常常是先模仿，再创造。

3. 认知能力、操作能力和社交能力

（1）认知能力。认知能力是指人脑加工、储存和提取信息的能力，即一般所讲的智力，包含观察力、记忆力、注意力、思维和想象力等。人们认识客观世界，获得各种各样的信息，主要依赖于人的认知能力。

（2）操作能力。操作能力是指人们有意识地调节自己的外部动作以完成各种活动的能力，如艺术表演能力、劳动能力、实验操作能力等。

（3）社交能力。社交能力是指在人们的社会交往活动中所表现出来的能力，如言语表达能力、组织管理能力、判断决策能力、处理意外事故的能力等。

操作能力和社交能力是在认知能力的基础上形成和发展起来的，同时，人们在操作和社会活动中，又进一步丰富和发展了认知能力。

(四) 为不同能力类型的旅客服务的注意事项

能力是存在个体差异的,这种差异可能是能力发展水平的差异,可能是男女性别所造成的差异,可能是能力优势的差异,等等。对于高速铁路客运服务人员而言,最应该关注的是能力的年龄差异及特殊类型旅客的差异。

1. 为年龄较小的旅客服务

年龄较小的旅客,活泼好动、能量充沛,但动手能力、自理能力却要差一些,语言交流和理解能力也不如成人。因此在为其服务时,应该注意特别关注其人身安全,提醒随行监护人有效监管。在与其交谈时,应尽量用简单易懂的词语,并且告知年龄较小的旅客,如果需要帮助,要及时向客运服务人员求助。

2. 为年龄较大的旅客服务

随着年龄的增长,老年旅客由于记忆力减退,可能经常会问客运服务人员一些问题,但因健忘可能会出现反复咨询的行为,对此,客运服务人员要给予理解与包容;由于老年旅客行动力减退,赶车时可能会出现慌乱,客运服务人员要尽可能地提供帮助,缓解其因行动缓慢而产生的不良后果;由于地域差别,有些老年人还会出现语言交流障碍,可以配置能够说当地语言的客运服务人员用方言与其沟通和交流,使服务更加顺畅;等等。客运服务人员应针对年龄较大的旅客的特点提供相应的服务,服务过程中做到认真细致,平和有耐心,语气平缓但有力,动作要慢、稳,在为老年人提供安全服务的前提下尽量满足他们的需要。

3. 为特殊类型旅客服务

对于病、残、孕及带小孩旅客,这部分旅客情况特殊,乘车过程中有着各自不同的特点及心理特征。

(1)病残旅客。病残旅客指的是有生理缺陷或有残疾的旅客以及在乘车中突发疾病的旅客。这些人占旅客总数的极少部分,但却是客运服务人员工作中的重点照顾对象,这类旅客与正常人相比,自理能力差,特别需要客运服务人员的帮助。客运服务人员应细心观察,体谅他们的不易,掌握他们的心理特征,尽力维护这类旅客的利益,使他们得到尊重,感受到服务的温暖。对于突发疾病的旅客,客运服务人员要具备相应的应急救助能力,掌握及时处理应急事件的措施,保障旅客的人身安全。

(2)孕妇旅客。孕妇由于身体负担大,行动不便,乘车过程中怕碰撞、挤压。对孕妇旅客,客运服务人员应及时协助她们上车、下车、找座位,为她们开通绿色通道,确保她们的乘车安全、便利。

(3)带小孩的旅客。带小孩的旅客几乎把全部的精力都放在了孩子身上,在乘车中,他们对孩子的安全极为关注,怕孩子挤着、冻着、热着等。因此,对于带小孩的旅客,客运服务人员应提供力所能及的帮助,找到他们的关注点,为他们提供针对性的服务。

实践训练

不同个性旅客的针对性服务

1. 实训目标

（1）结合具体情境，加深对旅客个性心理特征的认识；

（2）掌握不同个性心理特征旅客的服务方式，提高服务能力。

2. 实训内容

以小组为单位，每组选择一个情境进行模拟，针对不同个性心理特征的旅客开展服务。

（1）面对不同气质类型旅客的服务：每组选出 1～2 人作为客运服务人员，其他同学作为旅客，模仿不同气质类型的旅客，进行情景剧表演；

（2）面对不同性格类型旅客的服务：每组选出 1～2 人作为客运服务人员，其他同学模仿几种不同性格的旅客，进行情景剧表演；

（3）面对不同能力类型旅客的服务：每组选出 1～2 人作为客运服务人员，其他同学模仿不同能力的旅客，进行情景剧表演。

3. 实训考核

评价模块：

（1）情境编排：占 40%，考核内容如下。

①对话、表演要符合相应气质、性格、能力；

②整个情境内容编排合理，有主线。

（2）小组互动：占 20%，考核内容如下。

①小组成员是否积极参与；

②每位成员是否认真准备相应角色的表演。

（3）角色扮演：占 40%，考核内容如下。

①角色扮演者是否对不同个性的旅客表演到位，客运服务人员针对不同个性旅客的应对是否恰当；

②角色扮演者的表达是否清晰、声音是否洪亮。

思考题

1. 人的气质类型及其表现有哪些？

2. 如何为不同气质类型旅客服务？

3. 如何为不同性格类型的旅客服务？

高速铁路旅客群体心理与服务

◎ 学习目标

1. 了解群体和群体心理的概念与特征；
2. 理解各种群体心理现象与群体心理效应；
3. 掌握高速铁路旅客群体事件产生的心理因素及应对措施。

✦ 内容结构

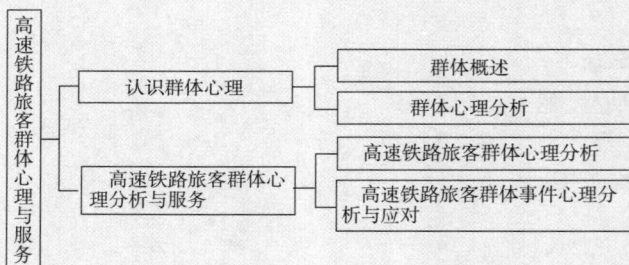

✦ 课前导学

案例 7-1

恰当处理旅客纠纷，保障列车运行秩序

　　××年,在上海虹桥开往成都东的 D353 次列车上,一位年约六旬的大妈坐在乘客小张的座位上,迟迟不愿起身让座。同排的曾女士见此情况,温和地帮着小张提醒大妈,让大妈先让座,待列车出发后,再找其他空位坐下。不想,大妈特别激动,对曾女士说"关你什么事,狗拿耗子多管闲事"。在劝让过程中,曾女士除遭到大妈言辞激烈的攻击外,面部也被抓伤。两人被赶来的列车工作人员和周围乘客拉开。随后,列车工作人员将大妈带离当事车厢,并分别对双方进行调解和劝导,列车运行秩序未受到影响。

同步思考

(1)列车工作人员为什么将"霸座"大妈带离当事车厢?

(2)想一想,在列车服务过程中如何处理旅客冲突,保障旅客群体需要?

单元一

认识群体心理

"群体"作为一个特定概念,并不是单纯的人群集合体,它有其独有的内容和特征。它不是若干个体的相加,而是使个体有机地组织起来,形成一种新的力量,以完成个人无法完成的任务。

一、群体概述

(一)群体的概念

"物以类聚,人以群分。"人是群居动物,总是从属于一定的群体。群体是指两个或两个以上具有共同目标或追求共同利益的个体所形成的人员组合,他们之间相互作用、相互依赖、相互认同。

(二)群体的特征

群体既同社会和个人相区别,又介于社会和个人之间,并且是联结二者的中介。群体具有以下四个特征。

1. 具有一定数量的社会成员

群体成员至少有两个人,这是构成群体的主体基础。

2. 具有共同目标或共同利益

群体具有共同的目标,并由群体成员通力合作来达成这个目标。这是构成和维持群体存在的基本条件。

3. 具有群体意识和规范约束

在群体中,各成员意识到自己是群体中的一员,对群体有认同感和归属感,这种认同感和归属感也是导致群体事件的重要心理因素。群体的规范约束以一种潜在的、非正式的方式在群体心理的作用下存在,制约和惩罚"不合群者"。

4. 群体成员间相互影响

群体成员间在行为上互动,即彼此的所作所为相互作用、相互影响,人们之间有信息、思想、感情的交流。

从群体的定义可以看出,群体与人群是不同的概念。人群通常是指那些偶发聚集体,也就是偶然地在同一时间,同一地方临时聚集起来的一群人,如商店里购物的顾客、电影院里观看电影的观众、车站里候车的旅客等。在这些人群的成员之间并不发生具有意义的社会互动,也没有共同的归属感,聚合的时间也十分短暂,因此他们不能算作群体。

　　然而,这些松散的人群,却在一定条件下可以转化为群体。例如,列车上突然有旅客晕倒,这时旅客们就可能彼此交换意见,寻求救助的办法。这时,这群人就有了一定的目标,出现了朝向这个目标的社会互动,于是就形成了群体。

(三)群体的分类

　　根据群体内各成员相互作用的目的和性质,群体有正式与非正式之分;根据群体的规模和沟通方式,群体又可分成大型群体和小型群体。

二、群体心理分析

(一)群体心理的概念

　　群体心理是群体成员共有的价值、态度和行为方式的总和。它是在群体成员的共同活动中互相影响、互相作用下形成的心理活动,是群体成员同社会发生各种联系的过程中所产生的认识、情绪和反应。

(二)群体心理的特征

　　群体心理和个体心理的区别也就是"我们"和"我"的区别,比较显著的特征包括认同意识、归属意识、整体意识和排外意识。

　　1. 认同意识

　　无论正式群体的成员还是非正式群体的成员,都有认同群体的共同心理特征,对群体的目标有一致的认识,认同群体的规范,并在此基础上产生自觉自愿的行动,并且对重大事件和原则问题保持共同认识和评价。当然,每个群体内部的认同程度是不一样的,一般来说大群体内部的认同程度相对低一些,而小群体内部的认同程度相对高一些。

　　2. 归属意识

　　群体成员都有归属于群体的共同心理特征,即具有依赖群体的要求,但归属意识里存在自愿和被迫的问题。非正式群体成员的归属意识通常是自愿的归属意识,而正式群体成员的归属意识则不确定,可能是自愿的,也可能是屈服于群体压力被迫而为的。

　　3. 整体意识

　　由于认同群体、归属于群体,成员都有深浅、强弱不一的整体意识。整体意识程度不同,行为表现也不相同。

　　一般情况下,整体意识越强,维护群体的意识也越强,行为会保持和群体其他成员一致的状态。另外也存在因为整体意识强,在发现群体其他成员的行为不利于整体时会采取反对态度,呈现出和群体其他成员的行为不一致的状态。所以,整体意识和行为一致是两个互相联系但不完全相同的概念,不能简单地把行为独立性强等同于没有整体意识或整体意识不强。

4. 排外意识

由于形成的群体具有相对封闭性、独立性,群体成员具有整体意识,这就会在一定程度上产生排斥其他群体的意识,即排外意识。排外意识是与群体成员将自己看作哪一个群体的成员相联系的。越是把自己看作小群体的成员,排外意识就越是强烈。因此"外人"也就更难进入小群体。这反过来也说明,人们往往更重视小群体的利益。

(三) 群体心理类型

个体置于群体中所形成的群体心理类型,可分为从众、服从等。

1. 从众

从众是指一个人由于真实的或想象的群体影响和压力,在认知或行动上趋向于跟多数人相一致的现象。所谓的"随大流""人云亦云"就是从众的写照。个体只有在感受到群体压力时才会产生从众行为,但这种感受到的群体压力有时是真实存在的,有时却是自己主观臆断的。

心理阅读 7-1

群体压力研究

社会心理学家曾进行了一项群体压力研究。研究表明,遵从压力对群体成员的判断和态度会造成影响。

实验中,心理学家将研究被试编成7~8人的小组,让他们对两张卡片进行比较。一张卡片上画有一条直线(X),另一张卡片上则画有三条长短不一的直线(A、B、C),其中一条与上述单一直线(X)一样长,如图7-1所示。实验研究者让小组中每一个成员逐一报告三条直线中哪一条与单一直线一样长。

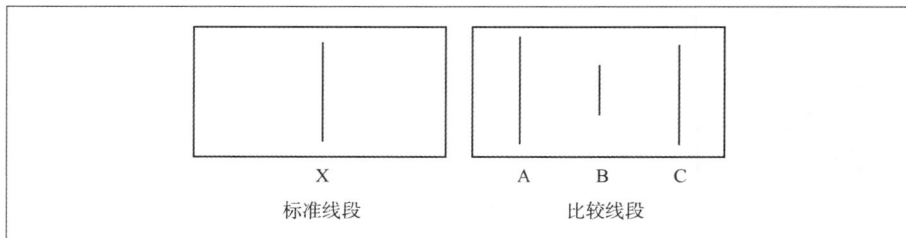

■ 图 7-1
实验图示

心理学家想知道,如果小组中的成员一开始就给出了错误答案会出现什么后果?此时遵从群体规范的压力会不会促使个体改变自己的答案,以使自己与别人保持一致?

实验研究者"操纵"了实验过程,在小组中除了最后一名成员是真被试之外,其余成员均是被事先安排好进行正确或错误选择的假被试,也就是实验人员。经过反复实验,大约有四分之一的被试保持了完全的独立性,他们没有从众。然而,50%~80%的被试至少一度从众于大多数人的错误,三分之一的被试半数或更多的判断都屈从于多数人的错误判断。

该实验向我们表明:有些人情愿追随群体的意见(即使这种意见与他们自身感知的信息相抵触)。群体压力导致了明显的趋同行为,哪怕是以前人们从未彼此见过的偶然群体。

实验后,心理学家对从众的被试做了访谈,归纳从众的情况有以下三种。

(1)被试确实把他人的反应作为参考框架,观察发生偏差,发生了知觉歪曲;

(2)被试意识到自己看到的与他人不同,但认为大多数人总比自己正确,发生了判断歪曲;

(3)被试明知其他人都错了,却跟着做出了错误选择,发生了行为歪曲。

一般认为,发生从众行为是因为个体在群体中受到信息压力和规范压力。

(1)信息压力:人们普遍认为,多数人的正确概率比较高,在模棱两可的情况下,由于缺少参照构架以及不能确信自己的情境,就越发相信多数人,越从众;

(2)规范压力:群体中的个人往往不愿意违背群体标准而被其他成员视为越轨者,怕与众不同而成为"一匹离群之马",遭受孤立,因此采取多数人的意见。

2.服从

服从是个体在社会要求、群体规范或他人意志的压力下,被迫产生的符合他人或规范要求的行为。个体服从有两种:一是在群体规范影响下的服从,二是对权威人物命令的服从。社会生活要求每一个个体服从基本规范,任何一个群体,不论其规模大小与层次高低,都要求其成员遵守一定的规章制度,完成其承担的工作任务,以实现群体目标并维护团结。

心理阅读 7-2　服从实验

心理学家曾设计了一个实验,以测试受测者在遭遇权威者下达违背良心的命令时,人性所能发挥的拒绝力量到底有多少。

参与者被告知这是一项关于"体罚对于学习行为的效用"的实验,并被告知自身将扮演"老师"的角色,以教导隔壁房间的另一位参与者——"学生"。事实上,"学生"是由实验人员假冒的。"老师"被给予一个据称从45

伏特起跳的电击控制器,并被告知这个电击控制器能使隔壁的"学生"受到电击。"老师"所取得的答案卷上列出了一些搭配好的单词,而"老师"的任务便是教导隔壁的"学生"。"老师"会逐一朗读这些单词给"学生"听,朗读完毕后"老师"会开始考试,每次会念出四个单词选项让"学生"作答,"学生"会按下按钮指出答案。如果"学生"答对了,"老师"会继续测验其他单词。如果"学生"答错了,"老师"会对"学生"施以电击,再次作答错误,电击的伏特数会随之提升。

参与者将相信,"学生"每次作答错误会真的遭到电击,但事实上隔壁房间里的"学生"并未遭到电击,而是打开录音机,录音机会配着发电机的动作播放预先录制的尖叫声,随着电击伏特数提升会有更为惊人的尖叫声。当伏特数提升到一定程度后,"学生"会开始敲打墙壁,而在敲打墙壁数次后则会开始抱怨他患有心脏疾病。接下来当伏特数继续提升到一定程度后,"学生"将会突然保持沉默,停止作答,并停止尖叫和其他反应。

许多参与者都表现出希望暂停实验以检查"学生"的状况的意愿。许多参与者在电击控制器到达 135 伏特时暂停,并质疑这次实验的目的。此外,还有一些参与者在获得了他们无须承担任何责任的保证后继续测验。若是参与者表示想要停止实验,实验人员会依以下顺序回复:

"请继续。"

"这个实验需要你继续进行,请继续。"

"你继续进行是必要的。"

"你没有选择,你必须继续。"

如果经过四次怂恿后,参与者仍然希望停止,那实验便会停止。否则,实验将继续进行,直到参与施加的惩罚电流提升至最大的 450 伏特并持续三次后,实验才会停止。

在进行实验之前,心理学家预测实验结果,认为只有少数几个人——10% 以下会狠下心来继续惩罚直到最大伏特数。

结果,在第一次实验中,65% 的参与者(40 人中的 26 人)都达到了最大的 450 伏特惩罚限度,尽管他们都表现得不大舒服。每个人都在伏特数到达一定值时暂停并质疑这项实验,一些人甚至说他们想退回实验的报酬,但没有参与者在 300 伏特之前坚持停止。

实验显示,成年人对于权力者比较服从,几乎愿意去做任何尺度的行为。

同步思考

从众与服从有什么联系和区别呢?

(四)群体心理效应

1. 旁观者效应

旁观者效应是一种社会心理学现象,指在紧急情况时由于有他人在场而没有对受害者提供帮助的情况。救助行为出现的可能与在场旁观人数成反比,即旁观人数越多,救助行为出现的可能性就越小。

2.社会促进效应

社会促进又称社会助长,是指当他人在场或与他人一起活动时,群体行为效率有提高的倾向。也就是说,在完成某一项工作时,个体和他人一起往往比个体单独完成时效率高,这种现象称为社会助长作用。

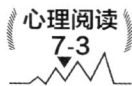

心理阅读 7-3

一位心理学家曾发表一份目的在于考察他人在场和竞争对个人行为的影响的实验报告。实验是这样进行的:他让被试在三种情境下,骑车完成约40km 的路程。第一种情境是单独骑,第二种情境是让一个人陪同,第三种情境是与其他骑车人竞赛。结果表明,在单独骑时,平均时速为 38km;有人陪同时,平均时速为 50km;在竞赛的情况下,平均时速为 52km。

3.社会阻抑效应

研究也发现了和社会促进相反的情况,即个体和别人一起做一项工作时,做得又慢又差,比一个人单独做时效率低。这种由于他人在场或与他人一起活动而造成行为效率下降的现象被称为社会阻抑,也称社会干扰。

在一项研究中,要求大学生在群体情境下写文章,写的数量虽多,但质量却低于在单独情境下写的。而且,有他人在场会降低有关记忆的工作效率,简单的乘法运算也会出错等。

4.感染效应

从众现象中,个体想以某种方式行动时,由于群体以另一种方式行动,因而个体将处于矛盾冲突中。也有个体想要以某种方式行动,然而内心有些犹豫。此时,当他看到群体中有人以他想要的方式行动后,便跟着以这种方式行动。榜样行动和观察学习,减少了阻止个体以某种方式行动的内心限制,解除了约束。由于榜样解除内心约束就是行为的感染效应。

5.暗示与模仿效应

暗示是指人或环境以含蓄、间接的方式向他人发出某种信息,以此来对他人的心理和行为产生影响。受暗示就是人们对于被控制的社会刺激发生的从众反应。

模仿是指个人受非控制的社会刺激所引起的一种行为,这种行为以自觉或不自觉地模拟他人行为为特征。通过模仿,某一群体的人表现出相同的行为举止。在群体背景下,群体核心成员可能采取含蓄或半含蓄的方式通过语言、行动等手段对周围人的心理和行为产生影响。周围的人受到核心成员的暗示后,就可能不假思索地加以模仿。群体性事件的规模就是在人群之间暗示、受暗示及模仿心理机制作用下迅速扩大的。

6. 责任分散效应

群体情境降低了个体的评价顾忌。如果人们不用单独为了某件事负责或者不会被单独进行评价时，群体内成员的责任意识就会被分散。"三个和尚没水喝""滥竽充数"的现象原因就在于此。

群体性事件参与者敢于做出平时不敢做出的行为，就是因为参与者感到反社会行为是以整体形式出现的，责任落在众人身上或分散在每个个体身上，法不责众，因而解除了个人对行为的责任感，从而放纵言行、恣意妄为、无所顾忌。

心理阅读
7-4

研究者注意到：六个人一起尽全力叫喊或鼓掌所发出的喧闹声还没有一个人单独所发出的喧闹声的 3 倍响。有趣的是，所有被试都承认发生了懈怠，但是没有一个人承认是自己制造了懈怠。

7. 去个体化效应

当个体的身份被隐藏，就会出现去个体化，并且所在的群体越大，去个体化程度就越大。群体活动有时候还会引发一些失控的行为，群体能对个体产生社会助长作用，同时也能使个体身份模糊。这种去个体化使人们自我意识减弱，群体意识增强。在群体中，如果人们看到别人和自己做同样的行为，会对自己做出冲动性的举动产生一种自我强化的愉悦感。当看到别人和自己做得一样时，人们会认为他们也和自己想得一样，因而又会强化自己的感受。在群体性事件中，以共同兴趣、目标、利益为中心构成的人群，随着情绪感染与行为的增强，个人完全失去了独立人格，而以集群行为为中心，融合到人群的狂热情绪之中。

同步思考

你身边出现过哪些群体心理现象？它们都分别属于哪种群体心理效应？

单元二

高速铁路旅客群体心理分析与服务

一、高速铁路旅客群体心理分析

（一）高速铁路旅客群体的概念

高速铁路旅客群体是指在高速铁路客运服务过程中，在一定条件下由旅客组成的暂时性的人群集合体。这里的"一定条件"包括旅客内部因素与外部因素的共同作用。其中，内部因素是指旅客的自身利益；外部因素是指铁路运输系统和车站方面的原因，如列车延误、服务环境差、服务不周到等。在这些因素的影响下，原来分散的旅客个体就会演变成旅客群体。

（二）高速铁路旅客群体的分类

因统计的需要不同，高速铁路旅客群体的分类方式有很多，常见的分类方式有以下三种。

（1）根据旅客的性别，可分为男性旅客群体和女性旅客群体。

（2）根据旅客的年龄，可分为老年旅客群体、中年旅客群体、青年旅客群体和儿童旅客群体。

（3）根据出行的目的，可分为度假旅客群体，公务、商务旅客群体和探亲访友旅客群体。

（三）高速铁路旅客的群体意识、群体心理、群体情绪和群体行为

高速铁路旅客群体一旦形成，就具有该群体自身的群体意识、群体心理、群体情绪和群体行为。

1. 高速铁路旅客的群体意识

高速铁路旅客的群体意识是指旅客群体中的多数成员所共同具有的信仰、价值与规范。群体意识是在群体信息传播和互动过程中形成的，反映着群体成员的态度。在铁路客运服务过程中，旅客维护自身利益是一种本能的意识，会促进维护群体利益的意识形成，从而推动群体行为和群体事件的发生。

2. 高速铁路旅客的群体心理

高速铁路旅客的群体心理是旅客群体成员之间相互作用、相互影响形成的心理活动。旅客群体心理在服务过程中表现比较明显的特征有以下四个。

（1）冲动性：即服务过程中的所有刺激因素都会对群体有巨大影响，容易受短期目标的影响而极端情绪化，冲动行事。

（2）感染性：即群体成员之间的情绪相互影响明显。

（3）目的至上性：即为了争取更大的自身利益，旅客的心理及情绪、行动将会与整个群体保持一致。

（4）暗示性：即群体的行动容易受暗示主导，心理暗示往往和谣言相互推动，使得真相距离群体越来越远，在群体性事件中具有非常强的传播力和感染力。

3. 高速铁路旅客的群体情绪

高速铁路旅客的群体情绪是指旅客在基于认识、评价及利益一致的基础上形成的共同情绪。这种情绪体验会有明显的感染性，会使旅客群体中某个人或某部分人的情绪传给其他人，从而产生共同的感受并转化成行为动机而影响群体行为。

旅客的群体情绪有以下两种情况。

（1）主动的情绪认同，即每个成员在情感上将自己与整个群体融合在一起，对群体所确立的目标有明确的认识，并产生与群体成员同甘共苦的情谊。

（2）被动的情绪认同，即出于群体压力，为避免群体成员的歧视或被抛弃而产生了从众行为。

案例 7-2

一辆重庆开往广州的列车需要中途停车避让过往列车。由于天气闷热，停车时间过长，有些旅客按捺不住着急的心情，开始抱怨起来，甚至还有些旅客开始谩骂。

列车长见此情况，预计等待的时间不会很短，如果继续让旅客单调无聊地等下去，可能会因情绪不佳引发矛盾。这时她灵机一动，立即召集所有列车乘务员开会，希望通过和旅客进行良好的沟通化解矛盾，列车乘务员们积极响应、出谋划策。

首先，列车组真诚面对旅客，如实地传递给旅客列车临时停车的原因及预计的等待时间，回答每位旅客的问题，用平实、通俗的语言向旅客及时通报最新的信息，解释延误原因。而后列车组即兴在列车上开展了一个小活动，请旅客品尝列车乘务员调制的"自助饮料"，并请旅客猜一猜是由哪几种果汁混合而成的。旅客表现出极大的兴趣和参与热情，有单独品尝的，也有和朋友、家人一起喝一起猜的，获得奖品的旅客还兴致勃勃地表演了小节目。

漫长的等待时间就在一片欢声笑语中悄悄溜走了。当列车长广播还有5分钟列车就重新开动时，旅客才意识到他们在列车上等了近3个小时了。当列车组向旅客们表达真诚的谢意时，列车里掌声一片！

4. 高速铁路旅客的群体行为

高速铁路旅客的群体行为是指旅客在一定的外部条件刺激下，压抑在心里的情绪转变为外在的活动,主要有以下特点。

(1)自发性。旅客的群体行为往往是由情绪激动的旅客受到某种刺激后产生的一哄而上的行为,并不是事先计划好的。

(2)短暂性。旅客的群体行为是由于一时的情绪冲动而产生的,当情绪发泄后,行为的强度就会减弱甚至结束。

(3)非理性。群体行为是受激情所支配的,是盲目行动,不受理性约束,往往带有破坏性。

二、高速铁路旅客群体事件心理分析与应对

高速铁路客运服务是一个特殊的服务业,服务对象是群体旅客。群体心理和群体行为的相互作用容易导致群体性事件的发生,进而直接影响服务工作的开展。

(一) 高速铁路旅客群体事件中行为人的三种心理因素

1. 无个性化心理特征,导致旅客行为无责任感

旅客绝大多数是临时聚合在一起的人群,个体身份特征不明显。"无个性化理论"实验表明,群体成员越无个性特征,个体差异越小,自我特征感觉越小,他们的行为方式越无责任。群体掩盖了个体特征,也相应为个体提供了保护。

2. 群体情绪感染作用,导致缺乏理智的行为

旅客群体事件多是先有明显的原因,如不正常行车时信息不透明造成的信息错误、误传或谣言,服务偏差等因素,激起在场旅客某种情绪,旅客间又彼此接收兴奋信息。这种情绪的交互感染很容易促使群体情绪的迅猛发展,出现情绪过激、丧失理智的行为。

3. 受社会上群体事件的影响

个别旅客认为不闹不解决问题,甚至形成小闹小解决、大闹大解决的不正常心态,导致高铁旅客群体事件发生。

(二) 高速铁路旅客群体事件应对

旅客群体事件不仅严重扰乱了高速铁路旅客运输的正常环境,而且损害了铁路企业的利益,损害了铁路形象,更为重要的是破坏了铁路系统治安秩序,危及行车安全,应当引起高度重视。具体来说,应从以下三个方面入手,积极预防、妥善处置。

1. 树立"以人为本,旅客至上"的服务理念,切实提高服务质量

(1)设法提高列车正点率,建立列车晚点应急制度,及时疏散滞留旅客。

(2)尊重旅客的知情权,及时向旅客通报信息。

(3)建立列车与车站保障部门的联动机制,全方位提高服务质量,全力

保障旅客休息、餐饮、安检、交通、住宿等的需要,压缩可能的群体事件空间,降低旅客群体事件发生的概率。

(4)针对旅客闹事等群体事件制定易操作的处置程序,及时教育疏导,解决利益矛盾,防止矛盾激化酿成事件,造成事态扩大。

2. 提高员工的办事能力和服务质量,尽快处置事件

群体事件发现早,处置成本小。群体事件通常发生在服务现场,如果一线客运服务人员能够快速处置,就能避免事件的不良影响扩大。因此,提高一线客运服务人员的办事能力和服务质量,是减少、避免旅客群体性事件发生的首要环节。客运服务人员应加强对铁路安全法律法规和服务操作规章规程的学习,组织相关业务培训,经常进行实际案例分享总结,提高实际应对能力。

3. 加强法治建设,做好法治宣传工作,疏通旅客维权诉求渠道

提高旅客在铁路运输旅程中的法治观念,是积极预防旅客闹事和旅客群体事件的根本措施。

(1)有关部门应发布关于维护铁路公共安全、维护公共秩序的公告,对旅客闹事和旅客群体事件实行依法管理。

(2)大力加强法治宣传教育,提高旅客的法治观念、社会公德和公共安全意识。

(3)建立正常的旅客维权机制,疏通旅客维权诉求渠道,引导旅客当权益受到侵害时,运用法律手段维护自己的权利。

实践训练

旅客群体事件研究总结

1. 实训目标

(1)使学生结合实际,加深对旅客群体心理的认识和理解;

(2)分析旅客群体事件心理,提出服务应对策略,提高客运服务能力。

2. 实训内容

以小组为单位完成以下任务。

(1)通过资料查找及调查,汇总铁路客运服务中的热点旅客群体事件,并对事件进行内容分类;

(2)分析事件产生的客观原因和主观因素,针对旅客在事件中的心理需要,提出针对性的服务策略。

3. 实训考核

(1)每组提交一份分析报告并进行汇报;

(2)根据各组分析报告及汇报表现,进行评分。

思考题

1. 什么是群体心理学?

2. 群体心理的类型有哪些?

3. 发生群体事件客运服务人员应如何应对?

高速铁路旅客服务中的客我交往

◎ 学习目标

1. 了解人际交往、客我交往与人际沟通的概念；
2. 掌握构建良好客我交往关系的策略；
3. 掌握有效人际沟通的途径和技巧。

⊛ 内容结构

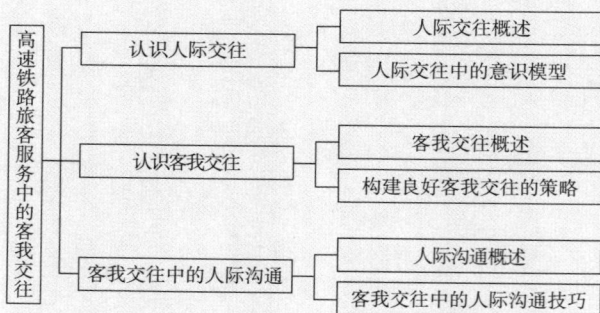

高速铁路旅客服务中的客我交往
- 认识人际交往
  - 人际交往概述
  - 人际交往中的意识模型
- 认识客我交往
  - 客我交往概述
  - 构建良好客我交往的策略
- 客我交往中的人际沟通
  - 人际沟通概述
  - 客我交往中的人际沟通技巧

⚛ 课前导学

案例 8-1

应用沟通技巧，做好客我沟通

　　某北京至珠海的列车上，头等车厢 15 号座位是一位外籍旅客，入座后对列车乘务员很友善，并不时和列车乘务员做鬼脸儿、开玩笑。列车开行后这名外籍旅客一直在睡觉，列车乘务员忙碌着为其他旅客提供餐饮服务。两个小时后，这名外籍旅客忽然怒气冲冲地走到服务区，大发雷霆，用英语对列车乘务员说道："两个小时的时间里，你们竟然不为我提供任何服务，甚至连一杯水都没有！"说完就返回座位。旅客突如其来的愤怒使列车乘务员们很吃惊。头等车厢列车乘务员很委屈地说："列车长，他一直在睡觉，我不便打扰他呀！"说完立即端了杯水送过去，被这位旅客拒绝；接着她又送去一盘点心，旅客仍然不予理睬。

　　眼看着即将进入停车靠站阶段，考虑到不能让旅客带着怒气下车。列车乘务员灵机一动，用水果制作了一个委屈脸形的水果盘，端到旅客的面前，蹲下来轻声说道："先生，我非常难过！其实在行车过程中我们一直都在关注您，列车开行后，您就睡着了，我们为您盖上了毛毯，关闭了通风孔，后来我发现您把毛毯拿开了，继续闭目休息。"旅客情绪开始缓和，并微笑着说道："是的！你们如此真诚，我误解你们了，或许你们也很难意识到我到底是睡着了还是闭目休息，我为我的粗鲁向你们道歉，请原谅！"说完他把那片表示难过的水果旋转，变成一个开心的笑容果盘。

同步思考

（1）客运服务人员是如何与旅客做好沟通、化解矛盾的？

（2）在旅客服务过程中，要如何做好客我交往？

单元一

认识人际交往

一、人际交往概述

(一)人际交往的概念

人际交往也称人际沟通,是指个体通过一定的语言、文字或肢体动作、表情等表达手段将某种信息传递给其他个体的过程。

每个人生活在社会中,必然要与其他人相互作用,相互影响,即必然要与别人进行交往。这种交往就是人与人之间相互接触、交流信息、沟通思想、联络感情的过程。从社会心理学的角度说,它是交往双方寻求需要满足的心理行为表现。在社会生活中,个人必然与他人发生联系,产生交往的需要。

心理阅读 8-1 人际交往与人际关系

心理学将人际关系定义为人与人在交往中建立的直接的心理上的联系,是人与人交往关系的总称,包括亲属关系、朋友关系、同学关系、师生关系、同事关系等。

人际关系发展和变化是人际交往的结果,人际关系一般是从静态角度看的一种状态,人际交往则是从动态角度看的一个过程。

(二)人际交往的意义

人在社会中不是孤立的,人际交往已经成了人们生活和学习中不可或缺的一部分。人际关系的好坏也直接影响到人们的学习、生活、工作等各个方面,人际交往的意义表现在以下五个方面。

1. 交流信息的途径

通过人际交往,人们可以相互传递、交流信息和成果,使自己的经验更加丰富,增长见识,开阔视野,活跃思维,启迪思想。

2. 促进自我的形成

自我也称为自我意识或自我概念,是个体对自己存在状态的认知,包括对自己生理状态、心理状态、人际关系及社会角色的认知。

3.满足基本的需要

需要是人的活动积极性的源泉,在现实的社会生活中,每一个人都有与他人保持往来、获取伴侣和友谊的需要,都有与他人保持相处和与群体保持某种关系的需要。人际关系可以满足人们爱与归属的需要、尊重的需要。

4.满足亲和的动机

亲和动机是促使人们进行交往和集群的原始动力,人们一生都在渴望建立良好的人际关系。

心理阅读 8-2

社会心理学认为,亲和本能形成于人类的婴儿时期,新生婴儿受饥渴等生理本能的驱使,产生对母亲的依恋。每当母亲给婴儿喂奶时,婴儿便建立了母亲的形象与温暖、舒适、安全等美好感受的链接。婴儿受到无数次的爱抚,就无数次地与愉快的情境联系起来。通过这种条件反射的感知觉过程,逐步学会了依恋母亲,再把这种依恋逐步泛化到其他人身上,希望有人陪伴的动机就成了某种"习惯"而被固定下来,使人的一生都渴望建立良好的人际关系。

5.克服孤独的恐惧

每个人都有孤独感,当人际关系缺乏或人际关系不和谐时,人就会有孤单和不安全感。

人们长期忍受孤独感的折磨会造成身体和心理的不健康,而治疗孤独感、克服孤独恐惧的唯一方法就是与他人积极交往,建立良好的人际关系。

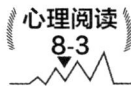

心理阅读 8-3

有人研究过战场上与部队失散的士兵的心理,发现最令散兵恐惧的不是战场的炮火硝烟,而是同战友失去联系的孤独。一旦一个散兵遇到自己的战友,哪怕其完全失去了战斗力,也会感到莫大的安慰,其一个人时的高度恐惧感也会大大减轻甚至消失。

(三) 人际交往的影响因素

人与人之间由人际交往而产生人际关系,而人际关系的主要特点是人与人之间的吸引程度,即心理距离。在同一社会团体,有些人之间关系非常亲密,而有些人只是点头之交,甚至势不两立,这种人和人之间在情感上的亲疏与远近关系的不等同,就是人和人之间的心理距离。产生这种心理距离的影响因素主要包括以下五个方面。

1. 邻近

人与人之间在地理位置、空间距离上越接近,交往机会越多,越容易形成较密切的关系,正所谓"近水楼台先得月""远亲不如近邻"。因此,要想建立人际关系,一般都从离自己近的人开始。这种影响因素尤其体现在交往的早期阶段。同时有研究表明,随着时间的推移,这一因素发挥的作用将越来越小。

2. 相似性

人们喜欢那些和自己相似的人,所谓"物以类聚,人以群分",越相似越容易相互吸引,产生交往。交往双方相似之处越多,越容易建立起良好的人际关系。

社会心理学家研究指出,个人所指的最好的朋友都是同等地位的人。一般来说,他们在教育水平、经济条件、社会价值等方面都很相似,态度是最主要的相似因素。

心理阅读 8-4 ▼

心理学家曾做过一个实验。实验对象是公开征求的志愿住宿者,共 17人,都是大学生。实验者为他们提供 4 个月的免费住宿,交换条件是定期接受谈话和测验。实验步骤是这样的:进入宿舍以前,测定他们关于经济、政治、审美、社会福利等方面的态度和价值观及他们的人格特征,然后将对上述问题的态度、价值观和人格特征相似与不相似的大学生混合安排在几个寝室里,让他们一起生活 4 个月。在这 4 个月中,定期测定他们对上述问题的看法和态度,并让这些大学生相互评价室内成员,喜欢谁、不喜欢谁。

实验结果表明,在相处的初期,空间距离决定了人们之间的吸引。到了后期,其相互吸引发生了变化,彼此间的态度和价值观越是相似的人,相互之间的吸引力越大。

3. 互补性

互补性是指双方在交往过程中获得互相满足的心理状态。当双方的需求或个性能互补时,就能形成强烈的吸引力。例如,一个爱掌控的人容易和被动型的人相处。这是因为彼此之间可以取长补短,互相满足对方的需求。一般而言,人际交往中的互补因素,其作用多发生在交情较深的朋友、同事、恋人、夫妻之间。

4. 外貌

个体的容貌、体态、服饰、举止、风度等个人外在形象在人际交往中的作用是非常大的,尤其是在交往的初期,好的外貌给人良好的第一印象。一般来说,人们倾向于对那些漂亮的人产生一种光环效应,即人们倾向于认为外貌美的人还拥有其他的优秀品质,虽然实际上未必如此。

有趣的现象是,男性喜欢和漂亮的女性在一起,原因除了有本能吸引外,还可以获得其他人的羡慕和好评,从而获得自尊的满足。

5. 个性

个性是影响人际交往、产生人际吸引力的最稳定因素。

例如,热情的人会更受欢迎,这是因为当人们喜欢某类事物或某人时,就会表现出微笑、赞美、关注、愉快和欣赏的情感,从而使人感受到热情。情绪稳定、情商高的人更容易获得周围人的喜欢,拥有良好的人际关系。善于管理情绪的人,意味着不过分强烈地表达自己的情绪,尤其是负面情绪,如焦虑、愤怒、抱怨等;而情绪失控的人不断地向身边的人传递不良信息刺激,使人感到压抑、不快,导致周围人的疏离。才智不直接决定人际关系的和谐与否,但它决定人际吸引力的强弱。人们崇拜和欣赏有才华、有能力的人,"名人效应"就是如此。

心理阅读
8-5

"名人效应"是名人的出现所达成的引人注意、强化事物、扩大影响的效应,或人们模仿名人的心理现象的统称。名人效应已经在生活中的方方面面产生深远影响,如名人代言广告能够刺激消费,名人出席慈善活动能够带动社会关怀弱者等。名人效应相当于一种品牌效应,它可以带动人群。

同步思考

生活中存在哪些"名人效应"的例子?

二、人际交往中的意识模型

有学者认为,在人际交往中每个人的人格结构由三种有不同表现方式的意识构成:父母(Parent)意识、成人(Adult)意识、儿童(Child)意识。在每个人身上,三种意识的比重有所不同,因而会形成不同类型的行为特征。在交往中,人们会在不同的情境下选择 P、A、C 三种意识。

(一)父母意识

父母意识是权威和优越感及长者自居的心理标志。它记录了人在早年生活中从父母和社会那里接受的外在训诫以及在人脑中的早期经验——通常是那些强迫性的、不容怀疑的事件,其行为表现常常是统治人、训斥人、权威式、命令式、家长式的作风,典型的形体姿态为皱眉、叉腰、食指指点、两臂交叉于胸前等;其待人处事的态度为主观、独断、专行、滥用权威;其语言中常有"你应该……""你必须……""你不能……"等强制命令的语气。

(二)成人意识

成人意识是一种成熟和理智的意识,是成熟、实事求是、理智的心理标志。它帮助人们发现和分析现实生活中那些与父母"教给的生活概念"及儿童"感觉的生活概念"所不同的资料。通过对这些资料的收集和分析,人们发展出成年人的"思考生活的概念"。其行为表现较冷静、慎重、理智、果断;其表情坦率,善于倾听,有时也会流露出激动、好奇;其待人接物的态度较民主、平等、尊重别人;其语言中常有"我个人的想法是……""你考虑考虑……"等商量讨论的语气。

(三)儿童意识

儿童意识是幼稚、不成熟、冲动任性,或者顺从、任人摆布的心理标志。它包括在童年生活中看到、听到、感觉到的东西以及各种无法用语言表达的感受。它记录的是惊奇、好奇、创造以及无助、依赖、笨拙的感觉。其行为表现是幼稚、可爱又讨厌、感情冲动、无主见、依赖、遇事畏缩、爱流泪、�‌嘴、发脾气、尖声大叫、低垂双眼、举手请求发言等;其待人接物的态度不稳定,爱耍小孩子脾气;其语言中常有"我想要……""我不……""我猜……""最大的……"等夸张而幼稚的语气。

意识模型有助于帮助人们了解自己与他人,通过自己的内在反映和他人的外在表现,分析各自的内心活动状态,人们可以因人、因事、因地制宜地协调人际关系,提升人际交往能力。

单元二

认识客我交往

旅客与客运服务人员之间的客我交往是高速铁路旅客服务的基础条件，没有客我交往就没有旅客服务。从心理学的角度理解和掌握客我交往中应该注意的问题，有助于客运服务人员提高服务质量。

一、客我交往概述

(一) 客我交往的概念

高速铁路旅客服务中的客我交往是指在高速铁路旅客服务过程中，服务人员与旅客之间为了沟通思想、交流感情、表达意愿、解决问题而相互影响的过程，客我关系也在客我交往中建立起来。

(二) 客我交往的特点

由于高速铁路客运服务人员所处的特定角色和旅客所处的特定地位，客我交往表现出与一般人际交往不同的特点。

1. 交往地位的不对等性

客我的接触通常是一种不对等的交往，即客运服务人员只能对有需要的旅客服务，而不存在客运服务人员对旅客提出服务要求的可能，双方关系并不对等。

2. 交往的公务性

客运服务人员与旅客的交往主要是因为公务上的需要，而不是个人感情或兴趣爱好等方面的需要。因此，在一般情况下，客运服务人员和旅客之间的接触仅限于旅客需要服务的时间和地点，否则就是一种打扰旅客的违规行为。

3. 交往深度的局限性

客我交往仅限于因公务需要提供具体的服务项目，而不涉及个人关系，更不会涉及双方的个人工作、家庭背景等。

4. 交往时间的短暂性

客运服务人员与旅客接触时间不会太长，客我之间相互沟通、熟悉了解的机会也不多，交往时间短暂。

5.交往效果的不稳定性

由于每次面对的旅客个人素质、能力性格等方面存在差异,再加上所处情境的不同,交往的结果往往不太稳定。同一名客运服务人员用同样的方式为不同的旅客提供服务,产生的服务效果也会有所不同。

6.个体与群体的兼顾性

客运服务人员接触的是不同心理、具有不同旅行动机和行为的个体旅客,同时还有同一社会阶层、同一文化、相同或相似职业的聚集在一起的群体旅客。因此,在服务过程中,客运服务人员不仅要区别对待个体差异,提供有针对性的服务,同时要兼顾群体共性,提供周到全面的服务。

(三)客我交往中的心理状态

以意识模型为依据,在人际交往过程中,旅客和客运服务人员的心理状态主要表现为以下三种形式。

1.家长型

家长型心理状态一般以权威为特征,具体表现为以下两种行为模式。

(1)命令式。通常表现为统治、训斥、责骂和其他专制的行为。例如客运服务人员对旅客说:"把箱子给我挪里边去。"

(2)慈爱式。通常表现为关怀和怜悯的行为。

2.儿童型

儿童型心理状态一般以情感为特征,具体表现为以下两种行为模式。

(1)服从式。通常表现为顺从某种意愿的行为。例如,当旅客提出要求时,服务人员马上回答:"请您等一会儿,好吗? 马上给您想办法。"

(2)自然式。通常表现为自然、冲动和任性的行为。例如,"我就是这样的,怎么地?"

3.成人型

成人型心理状态一般以思考为特征,具体表现为以下七种行为模式。

(1)询问式。例如,"先生,给您安排这个座位,您看行吗?"

(2)回答式。例如,"很抱歉,先生,已经没有去往××的票了。"

(3)建议式。例如,"女士,能不能将您的行李箱放在行李架上?"

(4)赞同式。例如,"没问题,再给您换一个时间的车票。"

(5)反对式。例如,"出于安全的考虑,我们不能答应您的要求。"

(6)道歉式。例如,"对不起,给您带来的不便我们深感抱歉。"

(7)总结式。例如,客运服务人员交接班时,将工作进行总结交接。

二、构建良好客我交往的策略

高速铁路客运服务人员要想与旅客保持良好的客我交往,既需要具备健全的人格、正确的认知方式和正常的情绪反应,也需要掌握相应的客我交往原则和策略。

（一）客我交往的原则

1.平等原则

平等原则是人际交往的基础。没有平等,就谈不上尊重,没有互相尊重就无法维持正常的交往关系。客运服务人员在与旅客交往的过程中,彼此在人格上是平等的,不可盛气凌人或逢迎奉承。尽管由于主客观因素的影响,人在气质、性格、能力、知识等方面存在差异,但在人格上是平等的。每个人都需要得到别人的尊重,都需要通过交往寻找自己的社会位置,获得他人的肯定,从而证明自己的价值,平等原则正可以满足客我交往的这一需求。

2.诚信原则

"诚"即真诚,"信"即守信。诚信是客我交往的根本,也是人与人之间建立信任和友谊的基础。在客我交往中,只有双方都心存诚意,才能做到理解、接纳、信任,感情上才能引起共鸣,交往关系才能得以发展。在现实生活中,人们都愿意与表里如一、言行一致、诚实正派的人交往,不愿意与口是心非、老奸巨猾、口蜜腹剑的人交往。因此,如果客运服务人员给旅客以虚假、言行不一的印象,就会失去旅客的信任,就很难与旅客进一步交往。在客我交往中,客运服务人员务必努力做到"言必信,行必果"。

💚 **案例 8-2**

2023 年 8 月 9 日中午 11 时许,临泉站安检员李丹留意到安检机传送带上有一个黑色的小挎包无人问津。她拾起小包,发现内有 1 张身份证、2 张银行卡、2 个现金红包(共 4 000 元)。李丹立刻向客运值班员赵峰汇报,通过广播寻找失主。很快,失主赵先生闻讯赶来,连连向赵峰和李丹表示感谢。他着急赶车,进了站就往二楼跑,要不是车站及时广播,还不知道包丢了。周围的旅客们对于车站工作人员的负责诚信,纷纷表示敬佩,如图 8-1 所示。

■ 图 8-1

安检机的"拾金不昧"

3. 宽容原则

宽容是一种美德,同时也是对健康交往的一种保护。常言道,"金无足赤,人无完人"。这要求客运服务人员在与旅客交往中,学会用辩证的观点看问题,对非原则性问题不斤斤计较,不过分挑剔旅客。与旅客发生矛盾时,要有宽广的胸襟、豁达的气量,要允许旅客有不同意见。要严于律己,宽以待人,不放纵自己,不苛求他人,这样才能赢得旅客的尊重。

4. 赞扬原则

在客我交往中,要善于发现并且鼓励、赞扬旅客的优点与长处,以礼相待,这样才能相互促进与提高。赞扬旅客会给旅客带来愉悦的、良好的情绪反应,反过来旅客也会把好情绪回馈回来。赞扬的作用永远胜过批评。要建立良好客我关系,恰当的赞美必不可少。一个人具有了某些长处或取得了某些成就,需要得到社会的认可。如果真心实意地赞扬满足旅客的自我需求,旅客就会更加通情达理、乐于合作。

(二) 构建良好客我交往的方式

1. 塑造良好的自身形象

良好的自身形象和大方的仪表是客我交往的基础。物质文明和精神文明日益进步的今天,在高速铁路旅客服务的客我交往中,人们比以往更加注重客运服务人员的外表和风度。因此,客运服务人员的形象将直接影响服务人员与旅客关系的质量。客运服务人员与旅客交往时要注意以下原则。

(1)衣着整洁,符合自己的身份和气质,可适当修饰或化妆。

(2)举止得体,谈吐文雅,不言过其实,不言不由衷。

(3)态度谦和,热情大方。切忌傲慢自大、蛮横无理、目中无人。

(4)在适当的时候,可以展示自己的才华与特长,但不可自我吹嘘、故意卖弄。

(5)乐于助人,当旅客需要帮助的时候,尽全力帮助。

(6)文明礼貌,谦虚谨慎,实事求是。

2. 学会赞美

与旅客交流要学会使用赞美性的语言。赞美实质是对他人的赏识、激励。一个笑容可掬、善于发掘别人优点并给予赞美的人,肯定会受到别人的尊敬和喜爱。现实生活中,每个人都希望得到尊重和承认,他人的赞美正是对这种需要的满足。恰到好处的赞美能和谐人际关系,给旅客带来美好的心情。赞美需要艺术,充分地、善意地看到旅客的长处,因地制宜、恰当的赞美,不管是直率、朴实还是含蓄、高雅,都会收到很好的效果。值得注意的是,赞美不能滥用,赞美是一种诚恳的、自然的情感流露,要真诚,不可虚情假意。人们喜欢得到赞扬,但只喜欢合乎事实的赞扬,对不真实的赞扬则会心生反感。

3. 学会倾听

倾听是对旅客尊重的表现,是交谈成功的要诀。客运服务人员要养成良好的倾听习惯,倾听的要领有以下四点:首先,要耐心听旅客讲话,态度谦虚,目光应注视旅客。其次,要善于通过体态语言及语言的其他方式给予必要的反馈,做一个积极的"倾听者"。再次,不要轻易打断旅客讲话,更不要中间打断,自己大讲特讲。在旅客讲话时,可以适当地提出一些问题,通过所提的问题向旅客传递一个信息,你是在仔细地听他说话。最后,倾听的时候要能听出旅客的言外之意。一个聪明的倾听者,不仅能满足表层的倾听,还能从说话者的言语中听出话中之话,从而把握说话者的真实意图。

4. 学会尊重

尊重包括尊重自己和他人。自尊,是指自重自爱,维护自己的人格;尊重他人,则是指重视他人的人格、习惯与价值,承认客我交往双方地位的平等。在客我交往中,只有先尊重旅客,才能得到旅客的尊重。尊重他人可以体现在很多方面,下面以谈话为例来说明如何得到尊重。

与旅客交流时,应注意倾听,避免哈欠连天,不要看书、看报、看手机,不要东张西望,也不要做一些没必要的小动作,如剪指甲、弄衣角、手指敲打桌面等,这些动作显得不礼貌。应注意与旅客有目光交流,适当地点头或做一些手势,表示自己在注意倾听,引起旅客继续话题的兴趣。要尽量让旅客把话说完,不要轻易打断旅客或抢旅客的话,扰乱旅客的思路。必须插话时,可委婉地说:"请允许我打断一下。"这样可避免旅客产生你轻视他等不必要的误解。在交谈时,不要自己一味滔滔不绝地说个没完,要给旅客讲话的机会。否则会显得自高自大,蔑视他人。在倾听旅客谈话时不要过于严肃,应给旅客情绪变化以积极的回应。否则,旅客会认为你冷漠,没有心情说下去。

5. 真诚待客

客运服务人员对待旅客要真诚,不要过于世故。沟通时,态度要真诚、诚恳,避免油腔滑调、高谈阔论。实事求是的态度往往给人一种信赖感和亲近感,有利于交往的继续深入。

6. 热情有度

所谓热情有度,主要是指客运服务人员在为旅客热情服务的时候,务必重点把握好热情的具体分寸。热情比冷漠好,主动服务比被动服务好。然而,凡事情都有一个度,物极必反,若热情过度,也达不到预期效果。服务不够热情,通常会怠慢旅客;服务热情过头,也会有碍于旅客。

单元三

客我交往中的人际沟通

一、人际沟通概述

(一)人际沟通的概念

沟通是指双方通过一定的信息交流相互了解的过程,而人际沟通是沟通的一种主要形式,是指个体之间在人际交往中彼此交流思想、感情和知识等信息的过程。它主要是通过言语、副言语、表情、手势、体态以及社会距离等来实现的。

(二)人际沟通的要素

人与人之间的沟通尽管形式多种多样,但信息传播都有其一般规律,最基本的要素包括信息发出者、信息、渠道、信息接收者和反馈。

1.信息发出者

信息发出者是信息沟通的主体,他不仅有目的地传播信息,还对传出的信息进行编码,即把信息加工、组织成便于传递的形式。

2.信息

信息是指沟通的内容,是指信息发出者希望传达的思想、感情、意见和观点等。信息包括语言和非语言的行为,以及这些行为所传递的所有影响语言使用的音调、身体语言。

3.渠道

渠道是指信息由一个人传递到另一个人所通过的路径,即信息传递的途径和手段。信息必须载入渠道才能存在和传递,声、光、电、动物、人以及报纸、书刊、电影、电视等,都是信息传递的媒介。

4.信息接收者

信息接收者是指信息传递的对象,即接收信息的人。

5.反馈

反馈是指信息由接收者返回到信息发出者的过程,即信息接收者对信息发出者的反应。有效的、及时的反馈是极为重要的。所以我们在交流时,要及时反馈并把反馈加以归纳、整理,再及时地反馈回去。

二、客我交往中的人际沟通技巧

(一) 人际沟通中存在的障碍

在现实生活中,人际沟通往往存在着诸多障碍,影响着沟通的效果。

1. 语言障碍

语言不通是人们难以沟通的原因之一。这个障碍在跨文化沟通中尤其明显。当双方都听不懂对方的语言时,尽管可以通过手势或其他动作来表达信息,但其效果将大为削弱。即使双方使用的是同一语言,有时也会因一词多义或双方理解力的不同而产生误解。

2. 理解障碍

语义曲解是指由于人的知觉程度受多种因素的影响,常使得人们对同一事物、同一问题或同一种说法有不同的理解。双方间出现理解障碍或误会,往往是信息不对称或者是角度不同引起的。当人们面对某一信息时,都是按照自己的价值观、兴趣、爱好来选择、组织和理解这一信息的含义的,一旦理解不一致,信息沟通就会受阻,甚至会产生矛盾和争执。

3. 信息混乱

信息混乱是指对同一事物有多种不同的信息。例如,多个信息源发生的信息相互矛盾或信息执行的前后不一致都会使信息的接收者不知所措、无所适从。

4. 环境干扰

环境干扰是导致人际沟通受阻的重要原因之一。嘈杂的环境会使信息接收者难以全面、准确地接收信息发送者所发出的信息。诸如交谈时相互之间的距离、所处的场合、当时的情绪、电话等传送媒介的质量等都会对信息的传递产生影响。环境的干扰往往会造成信息在传递途中的损失和遗漏,甚至歪曲变形,从而造成错误的、不完整的信息传递。

5. 其他因素

除了以上因素,成见、偏见、聆听的习惯、气氛等因素也会影响人际沟通,其中成见和偏见对于人际沟通的阻碍程度是致命的。因为在人际沟通和人际交往中一旦存在成见或偏见,那么沟通的参与者就不能以正确的观点和态度去进行有效的交往,就不能敞开心扉进行沟通,从这个层面来讲,沟通就失去了价值。

(二) 改善人际沟通的途径

人际沟通效果的提高有赖于影响人际沟通障碍的消除。为此,信息发送者和信息接收者都要努力提高自己的沟通水平。

1.信息发送者

作为信息发送者,要注意以下五个方面。

(1)有勇气开口。作为信息发送者,首先是要有勇气开口。只有当你把心里想的表达出来时,才有可能与他人沟通。人与人之间存在很多矛盾的一个主要原因,就是当事人都只在自己心里想,没有把自己的想法说出来,从而导致了很多的误解。

(2)态度诚恳。在沟通中,当事者相互之间所采取的态度对于沟通的效果有很大的影响。只有双方坦诚相待,才能消除彼此间的隔阂,从而求得对方的合作。因此,信息发出者要控制自己的情绪,不要采取高压的办法导致对方的对抗;尽可能开诚布公地进行交谈,耐心地说明事实和背景,以求得对方的理解;耐心聆听,不拒绝对方任何有益的建议、意见和提问。

(3)提高自己的表达能力。无论是口头交谈还是采用书面交流形式,信息发送者都要力求准确地表达自己的意思。为此,要了解信息接收者的文化水平、经验和接收能力,根据对方的具体情况来确定自己表达的方式和用词等;选择准确的词汇、语气;注意逻辑性和条理性,对重要的地方要加上强调性的说明,借助手势、动作、表情等来帮助思想和感情上的沟通,加深对方的理解。

(4)注意选择合适的时机。由于所处的环境、气氛会影响沟通的效果,所以信息交流要选择合适的时机。对于重要的、严肃的信息,在办公室等正规的地方进行交谈,有助于双方集中注意力,从而提高沟通效果。而对于思想上或感情方面的沟通,则适宜于在比较随便、独处的场合下进行,这样便于双方消除隔阂。

(5)注重双向沟通。信息发送者要注重反馈,提倡双向沟通,要善于体察别人,鼓励他人,不清楚就问,注意倾听反馈意见,以掌握信息接收者对信息理解的情况,并检查信息传递的准确程度,找出偏差所在。

2.信息接收者

作为信息接收者,则要注意仔细地聆听。有效的倾听能增加信息交流双方的信任感,这是克服沟通障碍的重要条件。要注意:使用目光接触;展现赞许性地点头和恰当的面部表情;避免分心的举动或手势;要提出意见,以显示自己不仅在充分聆听,而且在思考;复述,用自己的话重述对方所说的内容;要有耐心,不要随意插话;不要妄加批评和争论;使倾听者与诉说者的角色顺利转换。

3.缩短信息传递链

信息传递链过长,会减慢流通速度并造成信息失真。因此,缩短信息传递链、拓宽信息渠道是保证信息传递高效准确的重要措施。

4.“对事不对人”

在人际沟通时应遵循“对事不对人”的原则,培养换位思考的理念,尝试从多个角度去思考同一问题,这样才能辩证地理解他人的行为和思维。

实践训练

高速铁路客我交往情景剧

1. 实训目标

(1) 使学生结合实际情境,加深对客我交往的认识与理解;

(2) 通过情境模拟,掌握客我交往、人际沟通的方法与技巧。

2. 实训内容

(1) 以小组为单位,设计不同场合中的客我交往情境,进行角色扮演;

(2) 小组成员分别扮演不同身份的旅客与不同岗位的客运服务人员,尝试运用客我交往的原则和技能进行沟通展示。

3. 实训考核

评价模块:

(1) 情境编排:占30%,考核内容如下。

①对话要符合相应情境要求;

②不同角色之间的对话要有效衔接,有针对性;

③整个情境内容编排合理,有主线。

(2) 小组互动:占30%,考核内容如下。

①小组成员是否积极参与;

②每位成员是否认真准备相应角色的表演。

(3) 角色扮演:占40%,考核内容如下。

①角色扮演是否投入;

②角色扮演者的表达是否清晰、声音是否洪亮;

③扮演者在交往中的言行是否自然得当。

思考题

1. 人际交往中的意识模型是什么?

2. 客我交往原则是什么?

3. 如何构建良好的客我交往方式?

高速铁路旅客投诉心理与处理

◎ 学习目标

1. 理解旅客投诉的概念及意义；
2. 掌握旅客投诉的处理原则和对策；
3. 透过旅客的投诉分析其心理需要与产生原因。

⊛ 内容结构

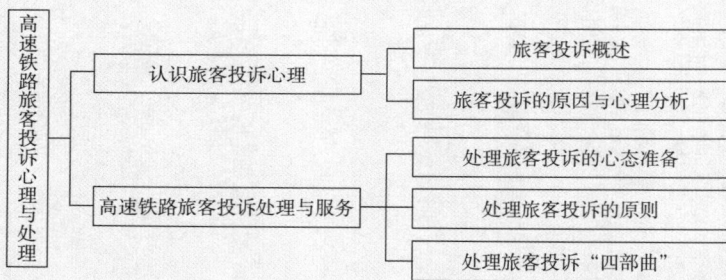

⚛ 课前导学

案例 9-1

高铁晚点，旅客围堵列车长室

×× 年，因强降雨造成设备故障，某高铁沿线列车大范围晚点。列车上，一些旅客情绪激动，围堵在列车长室门口，质问列车长："你干这个岗位，就必须解决！"列车长被众多旅客围着质问，也感到很委屈，难过得直掉眼泪。但仍然边哭边解释，她已经逐级向上级部门反映问题了。

旅客们为什么会出现这种应激反应呢？其实，在一个密闭的空间里，时间稍长，人们就会变得烦躁不安，情绪失控。何况，高铁上的旅客，都是急着赶路的人，心情本就是急迫的。不管是否因天气等不可抗拒的原因造成高铁列车晚点，首先都应该由当值的列车长出面向旅客进行解释和说明，先安抚旅客的焦虑情绪，然后再将实际情况告知旅客，如目前做了哪些工作来保障旅客的需要。

同步思考

(1) 案例中的旅客为什么会有如此冲动的行为表现？

(2) 面对旅客的投诉等突发事件，客运服务人员应该如何做好服务？

随着人们对服务认识的深入，越来越多的旅客开始注重保护自身权益，如旅客采取投诉方式维权。作为高速铁路客运服务人员，应认真对待旅客的投诉，掌握投诉处理原则和处理方式，在保障旅客权益的同时，将旅客投诉带来的不良影响降到最低，维护自身与运输企业的声誉。

单元一

认识旅客投诉心理

一、旅客投诉概述

(一)旅客投诉的概念

旅客投诉是指当旅客选择乘坐铁路交通工具时,对运输企业提供的服务质量、服务设施、服务环境等抱有一定的期望和要求,如果这些期望和要求得不到满足,心理就会失去平衡,由此产生抱怨和不满而提出的诉愿,通过网络、电话、来访等形式反映服务质量的行为。

(二)正确认识旅客投诉

1. 投诉是无法避免的

不论铁路交通运输企业的经营管理多么完善,客运服务人员怎样尽心尽力,要想让每一位旅客时时处处都感觉到满意舒心是不现实的。高速铁路客运服务人员要千方百计地为旅客提供完善的服务,但事实上无法避免因某些工作上的差错或者旅客的误解而导致旅客产生不满情绪。即便是那些管理水平高、服务质量高的部门和最优秀的客运服务人员也难以避免旅客的投诉。当遇到旅客投诉时,客运服务人员不必过度惊慌失措,而应保持平和的心态去面对。

一方面,旅客之所以产生不满并采取投诉的方式宣泄不满的情绪,说明旅客服务工作还有需要改进的地方。旅客提出来是出于对高速铁路运输企业的信任,是支持企业工作的一种表现。

另一方面,是旅客认为自己的利益受损。几乎所有的旅客都要求自己的消费能够物有所值,甚至物超所值。大多数情况是旅客希望通过投诉讨回他应该得到的东西。因此,高速铁路客运服务人员应该把旅客的投诉当作旅客维护自身利益的一种方式正常对待。

2. 投诉对高速铁路运输企业工作的开展是有益的

旅客就像一面镜子,通过旅客的投诉,企业可以发现自身难以发现的不足之处;通过旅客的表扬,企业可以了解旅客关注的是什么、哪些方面是企业的优秀之处。所以,面对那些愿意当面诉说心中不满的旅客,客运服务人员应认真对待,抱着感谢的心情,倾听他们的诉说,接受他们的意见,并迅速采取措施进行纠正。

3.区别对待旅客的不合理投诉

有时候旅客的投诉未必合情合理。客运服务人员遇到旅客投诉事件,首先要从自己身上找原因,进行自省。如果过错方是自己,就要及时道歉并为旅客解决问题;如果双方都存在不合适的言行,客运服务人员也应首先调整自己,迅速冷静下来,通过自己积极的态度影响对方的情绪,将负面影响控制在最小值;如果是旅客提出不合理要求,客运服务人员也要有耐心,凭借自己的专业知识尽量化解问题,以免给自己和企业带来更多的麻烦和声誉上的影响;如果旅客执意坚持不合理的要求,并做出损害客运服务人员和企业利益的行为,客运服务人员应该及时运用法律武器维护自己及企业的权益。

二、旅客投诉的原因与心理分析

(一)旅客投诉的原因

旅客投诉的原因可以归结为客观原因和主观原因两种。

1.客观原因

(1)自然原因。比如洪水、泥石流或暴雪原因造成列车运行延误。

(2)设施设备原因。包括车站、列车、铁路沿线的设施设备故障等导致列车运行不畅或不能提供有效服务等。

2.主观原因

(1)旅客自身原因。

①旅客对服务期望值过高,客运服务人员无法满足旅客要求。

②旅客不知道运输企业相关规定,对服务流程或服务设施设备操作不了解。

③旅客本身强词夺理、恶意闹事等。

(2)客运服务人员原因。

①服务态度不端正。引起投诉的不良服务态度主要表现为:推卸责任;粗鲁的语言;不负责任的答复或行为,冷冰冰的态度,若无其事、爱理不理的接待方式;服务不及时、不主动;因工作粗枝大叶出现失误,没有满足旅客的需求,尊重不到位等。

例如,有的客运服务人员不主动招呼旅客,不主动接待旅客,当旅客来询问有关事项时,服务态度冷淡,旅客多次呼叫客运服务人员,客运服务人员毫无反应或简单地回答两三个字,如"没有""不知道"等。

案例9-2

某旅客在网上预订××年5月28日广州至北京西的车票,在广州站自动售票机取票时,由于机器故障导致车票未取出,后到人工售票窗处理,售票员为其办理了挂失补,旅客在办理挂失补时已明确提出车票需报销,但售票员未做任何解释且态度不耐烦,旅客到站后车票被收回,无法办理报销,特别气愤,提出投诉。

②服务技能待提升。缺乏沟通技巧、缺乏应急处理能力等导致服务效率低下。

例如,一些客运服务人员不注意语言文明和表达方式,沟通能力欠缺,不会察言观色,不会变通处理,过于"耿直"而冲撞旅客,从而引起与旅客之间的冲突,导致投诉。

另外,在高速铁路客运中,由于铁路设施设备和旅客身体原因出现的突发情况,客运服务人员如果不能果断、妥善地处理,并与旅客进行有效沟通,容易导致旅客的不满和投诉。

无论是主观原因还是客观原因,归根结底都是因为旅客心理需要没有得到满足或旅客个人利益受到损害,从而引起旅客和客运服务人员的冲突与旅客投诉。因此,要从根本上避免或解决这种冲突,关键在于提升客运服务人员的服务技能,帮助旅客解决困难,满足旅客心理需要和维护旅客的利益。

(二)旅客投诉的心理分析

旅客对高速铁路客运服务人员服务工作的期望与其实际乘车过程中的感受之间的差距是投诉产生的原因。当旅客对购买某一项服务的期望值大于其实际感受值时,他就会觉得需要没有被满足,产生不满就会投诉。这种不满越大,投诉就越容易发生。

旅客在投诉时通常有以下五种心理需要。

1. 寻求尊重的心理需要

人的内心都渴望得到他人的尊重。尊重他人是一种高尚的美德,是个人内在修养的外在表现,是顺利开展工作、建立良好社交关系的基石。尊重旅客,主要表现为旅客的自主选择和消费权益受到尊重,重视老弱病残孕旅客的特殊需要,重视旅客体现身份和地位的需要等。旅客投诉时的尊重表现为他们希望客运服务人员尊重他们,认为他们的投诉是对的、有道理的,认为自己这样做是应该的,希望得到理解,希望看到客运服务人员当面向他们表示歉意并立即采取相应的行动。

2. 寻求公正的心理需要

旅客消费是为了寻求愉快美好的经历,如果他觉得自己得到的是不公平的待遇,会心理不平衡或愤怒,他们可能会找到有关部门进行投诉,为自己讨回说法,维护自己的利益。旅客通过合法的途径投诉,既是为自己也是为所有的消费者寻求利益保护。通过投诉使相关部门重视旅客的反映,并不断改进服务质量,能让广大旅客在今后的旅行中得到更优质的服务。

3.寻求宣泄的心理需要

宣泄是指一个人遇到某种挫折时,把由此而引起的悲伤、懊恼、愤怒和沮丧等负向情感痛快地"发泄"出来的心理调节方法。发泄负向情绪最重要的一个渠道就是投诉。把情绪发泄出来后,就可以趋于理性地对待所遇到的问题,从而达到心态平和的效果。

投诉的旅客是因为自己对服务质量不满意,现实没有达到预期而遭遇了某种挫折,客观上需要寻求心理上的某种平衡。此时,他们往往通过投诉宣泄自己的感情,"出了气再说"或者"出了气再走"就成为他们排解心中不快的最直接途径。

旅客投诉总是觉得自己理由充足,投诉时往往情绪激动、满腔怒火,他们会利用投诉的机会将自己的烦恼、怒气和怨恨发泄出来,使其不平静的心情逐渐平静下来。

4.寻求补偿的心理需要

旅客认为自己花费了钱财和时间,就应该获得相应的优质服务。一旦他们在经济上或精神上遭受了一定的损失,就希望向有关部门投诉,继而得到补偿,这也是一种较为普遍的心理。

例如,旅客遇到列车晚点或取消,希望尽快改签或得到相应赔偿;被打折火车票的虚假广告欺骗时,希望获得损失赔偿。当然,很多旅客通过投诉寻求的并不是物质上的补偿,更多的是精神上的补偿,或者说是通过物质上的补偿来达到精神上的代偿,获得心理平衡。

5.关心企业发展的心理需要

有些旅客投诉是出于对企业的关心,他们希望通过投诉引起有关部门的重视,这样既有利于旅客,也有利于企业的发展。例如,发现企业的服务设施不周全,无法满足旅客的需要,就提出自己的改进建议;发现客运服务人员服务态度不好等,他们希望通过投诉使客运服务人员能改进,以免影响企业的形象和声誉。

有时旅客进行投诉或建议,并不是要求企业一定能够彻底改变某种现象,只是想表达对此状态的看法与观点,给企业以警示。对于有这种期望的旅客,一定要积极对待,耐心地倾听旅客的批评与建议,抱着"有则改之,无则加勉"的态度,适当地对旅客表示感谢。

单元二

高速铁路旅客投诉处理与服务

面对各种各样的旅客投诉事件,既不要对旅客的投诉置之不理、淡然处之,也不要把旅客的投诉看作洪水猛兽而惊慌失措。应树立正确的观念,保持沉着平和的心态,灵活运用处理投诉的各种对策,有效采取相应的解决措施,有条不紊地化解各类旅客投诉。

一、处理旅客投诉的心态准备

客运服务人员要正确认识旅客投诉,不能一味地恐惧投诉、厌恶投诉,而是应该对投诉有一个清醒的认识。旅客投诉是监督和提升服务行业水平的重要手段,是运输企业提高客运服务质量、改进运营服务工作、树立企业形象的重要环节。

(一)重视投诉

旅客的投诉大多是刺耳尖锐的、直接的、不留余地的。许多客运服务人员把投诉当成"烫手山芋",希望最好不要发生。可是对于铁路运输企业来说,没有投诉未必是好事情,因为投诉往往可以暴露服务中的薄弱环节。

(二)欢迎投诉

旅客的投诉实际上是给铁路运输企业机会去回顾和检查在客运服务中不足的方面。在投诉处理的过程中,客运服务人员可以向旅客解释企业的相关规定和标准,从而使旅客和企业之间能够更好地相互理解和沟通。因此,作为客运服务人员,既不需要对投诉感到尴尬,也不需要有畏惧和抵触的心理。

二、处理旅客投诉的原则

旅客的投诉多种多样,因此对旅客投诉的处理并没有一成不变的解决方法,但面对旅客投诉应牢记并把握以下五个原则。

(一)旅客至上的原则

受理旅客投诉,首先要站在旅客的立场上考虑问题。例如,反思一定是客运服务工作在某一个环节没有做好,给旅客带来了麻烦。同时还要相信,旅客的投诉总有各自的理由,这是一个非常重要的观念。有了这种观念,客运服务人员才能用平和的心态处理旅客的抱怨,才会对旅客投诉给予肯定和感谢。旅客至上的原则,要求客运服务人员对投诉旅客不能有丝毫的怠慢和无礼。

(二) 承担责任的原则

很多客运服务人员面对旅客投诉的第一反应是"我是不是真的错了""如果旅客向上级投诉,我该怎么解释"等。一旦有了这种想法和解决问题的习惯,那么客运服务人员在面对旅客投诉时就会把自己放在旅客的对立面。客运服务人员必须清楚地认识到,旅客既然来投诉就根本不认为是自己错了,是想从客运服务人员那里得到心理安慰,希望客运服务人员重视他的投诉。

面对旅客投诉和不满情绪,客运服务人员首先应向旅客道歉并表示愿意承担责任,一般情况下,表明了这种态度,旅客的气就已经消了一半了。

(三) 隔离当事人的原则

隔离是指一旦遇到旅客投诉,要尽快做到"两个隔离":一是将投诉旅客与身边的其他旅客隔离,以免因群体效应使旅客之间相互影响;二是将发生冲突的客运服务人员和旅客双方当事人隔离,避免事态进一步恶化。隔离当事人最好的办法是将旅客带到安静处所,这样一方面是对旅客的一种尊重,另一方面也能平和旅客的情绪。

(四) 包容旅客的原则

包容旅客是指客运服务人员要对对自身产生误解及无故指责的旅客给予理解。如果客运服务人员发现旅客对自己的看法是错误的,就会认为有辩解的必要,这种"自我保护"的心理,在双方交往过程中具有排斥性和缺乏善意的特点,也是导致误解上升为冲突的根本原因。在客运服务过程中,服务人员能够体谅旅客是最起码的职业素养。旅客的投诉并不都是对的,如果客运服务人员能够体谅旅客的误解,认为谁都会有出错的时候,就能有效避免冲突的发生。

(五) 息事宁人的原则

息事宁人的原则要求在处理旅客投诉时放弃自己的观点,避免将事情闹大。息事宁人的实质是一种自我利益的牺牲,它有利于使紧张状态得到缓和,是避免激化矛盾的基本方式之一。但是,这种"妥协"并非是无"底线"的,应该是以不损害客运服务人员和铁路运输企业的利益并得到旅客的理解为前提的一种让步。

三、处理旅客投诉"四部曲"

虽然旅客抱怨和投诉的原因多种多样,但对于旅客投诉的处理应把握以下四个步骤。

(一)积极倾听

抱怨的旅客需要有忠实的听众,客运服务人员喋喋不休地解释只会使旅客的情绪更差。面对旅客的抱怨与投诉,客运服务人员要掌握好聆听的技巧,从旅客的抱怨中找出真正的原因及其所期望的结果。积极倾听旅客的抱怨,有助于让旅客发泄情绪和把握旅客的真实意图,从而有效避免投诉升级。

(二)真诚感谢和道歉

无论引起旅客抱怨的责任是否属于客运服务人员,客运服务人员都需要真诚地向旅客道歉,并对旅客提出的问题表示感谢,这样可以让旅客感到自己受到了重视。如果没有旅客的抱怨,客运服务人员就不会知道哪些方面的工作有待改进。因此,任何旅客的抱怨和意见都值得表示感谢,尤其是在我们的工作确实有过失的情况下,更应该道歉。

(三)迅速处理

旅客投诉的处理必须付诸行动,不能单纯地同情和理解,只有迅速地给出解决的方案,妥善解决旅客的问题,才算完成了对投诉的处理。问题解决得好,旅客感到满意,下次自然还愿意接受铁路运输企业的服务;如果敷衍了事,旅客会更加不满,会将投诉升级,这样也会给铁路运输企业的声誉带来负面影响。因此,如果是在权限之内能够处理的,要迅速解决;不能当场解决或者权限之外的问题,必须明确告诉旅客原因,寻求旅客的理解并在解决之后将结果反馈给旅客,突出重视与诚信。在处理投诉过程中,问题解决方案应征求旅客意见,提出多种解决方案,既不让铁路运输企业蒙受不该有的损失,又能让旅客满意。

(四)及时总结

当整个投诉事件处理完毕后,应对事件进行深入分析和研讨,找出问题,总结经验教训,摸索事物的发展规律,正确认识工作中的优缺点,明确今后工作的方向,少走弯路,少犯错误,提高服务工作效率。同时将典型案例进行分享,让客运服务人员相互学习借鉴,举一反三,起到警示教育作用。

总之,客运服务人员在处理投诉时,要让旅客发泄不满,表达对旅客的理解,积极解决问题;要核查旅客满意度,寻根求源,彻底消灭问题;在日常工作中,要态度好一点,微笑甜一点,耐心多一点,动作快一点。

练一练

投诉沟通用语 20 句

1.感同身受

(1)我非常理解您的心情。

(2)如果我碰到您遇到的这么多麻烦,也会是您现在这样的心情。

2. 被重视

(1)先生,您都是我们××年的客户了。

(2)您都是长期支持我们的老客户了。

3. 用"我"代替"您"

(1)请问我的解释清楚吗?

(2)我建议……/看是不是可以这样?

4. 站在客户角度说话

(1)这样做主要是为了保护您的利益。

(2)如果谁都可以帮您办理这么重要的业务,那对您的利益是很没有保障的。

5. 怎样的嘴巴才最甜

(1)非常感谢您的宝贵建议,我们会向上反映,因为有了您的建议,我们才会不断进步。

(2)谢谢您的理解和支持,我们将不断改进服务,让您满意。

6. 拒绝的艺术

(1)女士,我很能理解您的想法,但非常抱歉,您的要求我们暂时无法满足。我会先把您遇到的情况反馈给相关部门,查证后再与您联络好吗?

(2)您说的这些,确实是有一定的道理。如果我们能帮您,一定会尽力,不能帮您的地方也请您谅解。

7. 缩短通话

(1)您好,为了方便您了解(记忆),我现在将该内容通过短信(邮件)发送给您,请您留意查收。

(2)因涉及的内容较多,具体内容我会通过邮件方式发送给您详细了解,好吗?

8. 如何让客户"等"

(1)不好意思,耽误您的时间了。

(2)先生/女士,请您稍等片刻,我马上为您查询。

9. 记录内容

(1)请问您方便提供具体情况吗? 我们给您记录,方便我们尽快查询处理,请您放心!

(2)感谢您向我们提供的宝贵意见,我们会将该意见记录下来并向有关部门反映!

10. 其他

(1)如果您对我的解释不满意,可以提出您的建议,以便我以后改善。

(2)您的满意是我们的追求,祝您有个阳光好心情!

实践训练

旅客投诉事件的服务处理

1.实训目标

(1)学会分析旅客投诉事件中旅客不同的心理需要;

(2)针对不同投诉事件,掌握旅客投诉事件的处理原则和方式。

2.实训内容

(1)以小组为单位,上网搜索近期热点旅客投诉事件,将不同的事件类型汇总,同时分析旅客投诉的心理需要;

(2)每个小组选择一个事件情境,模拟旅客投诉及客运服务人员解决投诉的场景,在表演中体现旅客投诉的解决过程;

(3)通过情境模拟,"客运服务人员"分享处理投诉时的心理感受,同时思考如何进一步完善服务以避免旅客的投诉。

3.实训考核

(1)每个小组将投诉事件进行总结分析并编写报告:占比50%;

(2)情境模拟演示投诉处理过程:占比50%。

思考题

1.如何正确认识旅客投诉?

2.旅客投诉的心理是什么?

3.如何处理旅客投诉?

凝"心"聚力

第三篇

✖ 思政导语

　　我们取得的一切成就，都是党和人民一道奋斗出来的。凝心聚力，团结奋斗，必将谱写美好新篇章。

模块十

高速铁路客运服务人员心理健康调适

◎ 学习目标

1. 认识心理健康与心理疾病；
2. 了解工作压力的影响及应对；
3. 掌握自我情绪调节的方法。

◎ 内容结构

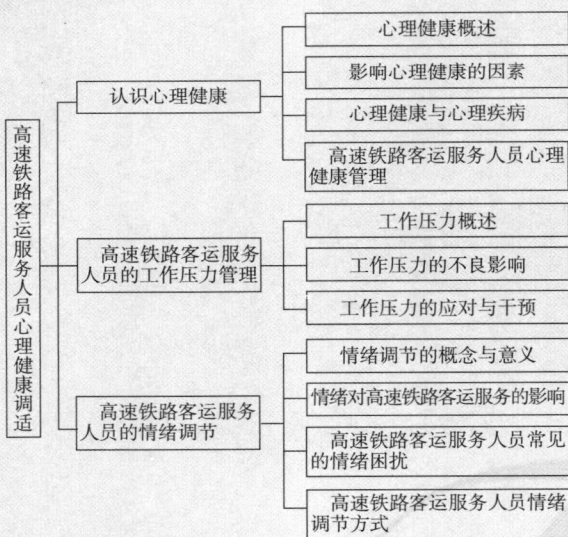

◈ 课前导学

案例 10-1

关注高速铁路客运服务人员的心理健康

××年在一辆高铁列车上，列车刚刚开启两分钟，旅客王先生就要上卫生间，但客运服务人员还没有打扫完毕。王先生"当当"敲门，客运服务人员让他稍等一会儿。几分钟过后，王先生又接着敲门。等客运服务人员出来，王先生就对列车乘务员破口大骂。年轻的客运服务人员顿时急了，气愤之下，推了王先生。王先生没站稳，当即摔倒在地。

王先生性格暴躁，出口伤人，客运服务人员的情绪被王先生刺激到，发生了肢体接触。

事后，王先生住院了，既没有内伤，也没有外伤，就是不出院，还索赔18万元。

作为铁路客运服务人员，每天面对众多的旅客，满足旅客众多的旅行需求，如果没有好的心理素质，就极易出现因压力过大而产生不良情绪导致的心理健康问题。

同步思考

（1）在日常生活中，你是否也经历过情绪失控的情况？

（2）当你出现情绪失控的时候是怎样调整情绪、保持心理平衡与健康的？

人的健康包括身体健康和心理健康两个方面：身体健康是指人的身体符合人的正常生理现象，也就是我们平常说的没有疾病的发生；而心理健康，说到底其实是一种人生态度。心理健康的人，会以积极的眼光看待世界，看待周围事物。有一个健康的心理才能迎接生活和学习中的各种挑战。

单元一

认识心理健康

一、心理健康概述

(一)心理健康的概念

健康是在身体、心理和社会功能上处于完满状态,而不仅仅是没有疾病和虚弱状态。健康应该包括生物、心理和社会三个层面,只有当这三个层面同时处于完好状态时,才可以说是健康的。如果个体在身体上没有疾病,这只能说他身体健康;如果个体在心理和社会功能方面处于完好状态,则可称为心理健康。

那么心理健康的概念是什么呢?心理学家对心理健康的定义尚不统一,本书总结为:心理健康是指一种持续的、积极发展的心理状态,在这种状态下主体能做出良好的适应,能充分发挥身心潜能,而不仅是没有心理疾病。

心理阅读
10-1
心理健康的定义

心理学家对心理健康的定义有以下三种。

(1)心理健康是指人们对客观环境具有高效、快乐的适应状况。心理健康的人应保持稳定的情绪、敏锐的智能、适应社会环境的行为。

(2)心理健康是指在知、情、意、行方面的健康状态,主要包括发育正常的智力、稳定而快乐的情绪、高尚的情感、坚强的意志、良好的性格及和谐的人际关系等。

(3)心理健康是指人的一种持续的心理状态,主要是在各种情况下能有良好的适应,具有生命的活力,能充分发挥其身心的潜能。

(二)心理健康的标准

心理健康十条标准被认为是"最经典的标准",具体如下所示。

(1)充分的安全感。

(2)生活的目标切合实际。

(3)充分了解自己,并对自己的能力给予适当的评价。

(4)不脱离周围的现实环境。

(5)能保持人格的完善与和谐。

(6)具有从经验中学习的能力。

（7）能保持良好的人际关系。

（8）适度的情绪表达与控制。

（9）在不违背团体的要求下，能使个性得到发展。

（10）在不违背社会规范的前提下，能恰当满足个人的基本要求。

（三）心理健康的特征

心理学家认为，一个心理健康的人包括以下五方面特征。

1.情绪稳定和心情愉快

情绪稳定和心情愉快是心理健康的重要标志。它表明一个人的中枢神经系统处于相对平衡的状态，意味着机体功能的协调。

2.意志品质健全

言行举止具有一定的自觉性、独立性和自制力，表现为能够自觉地确定目标并支配自己的行动，努力实现预期目的。

3.行为协调得体

一个心理健康的人，其行为受意识支配，思想与行为是统一协调的。行为上表现出自我控制能力、独立自主，不以他人的好恶作为个人行为的依据，不盲从，行为方式与其年龄、社会角色相一致。

4.反应适度

反应强度与刺激强度相一致。对外界事物的反应和活动效率是适度的、积极主动而富有成效的，不冲动、不毛躁，也不敷衍塞责。

5.良好的人际交往

乐于且善于与人交往，能和大多数人建立良好的人际关系，重视友谊，不拒绝别人的关心与帮助。与人相处时积极态度多于消极态度，在新环境中能很快地适应，与他人打成一片。

以上是心理健康的主要特征，但是心理健康并非要求人处于超人的非凡状态，一个人的心理健康也不一定在每个方面都有明显表现。只要在生活实践中能够正确认识自我，自觉调整自己，合理对待外界影响，使心理保持平衡协调，就具备了心理健康的基本特征。

二、影响心理健康的因素

（一）人际适应因素

1.工作关系适应

工作关系中需要适应的是在工作中的各种人际关系，包括同事关系、上下级关系和师生关系等。当个体在组织中的人际关系出了问题，就难以得到支持或理解，从而影响心理健康。

2. 家庭关系适应

家庭关系包括夫妻关系、亲子关系、兄弟姐妹关系以及其他亲戚关系等。人们总是身处家庭关系之中,如果处理不好这些关系,人的生活质量就会受到严重影响,心情自然也会受到负面情绪的干扰。

3. 友情关系适应

友情既是个体的社会资源,又是重要的情感依托。当友情关系出现了问题,人就会感到苦恼、不安、担心等,时间久了就会形成心理问题。

4. 熟人关系适应

熟人关系包括同学、同事、同寝以及邻里关系等。因为不似亲友关系亲密,所以当熟人之间出现了摩擦、产生了误解,往往缺乏类似亲友间的亲密沟通,问题不能迅速解决,从而影响人的心情。

(二)环境适应因素

环境适应包括物理环境与人文环境的适应。人在一生中会经历各种环境变化:升学、进入大学、工作、结婚、生子、搬迁、升职、调离、退休等。适应的人,很快就能在新环境中有新发展;而不适应的人,则有可能在新环境中产生大量的负面情绪而无法自拔。

(三)自我适应的因素

自我适应包括对自己身心发育的适应,如从小到大再到老;对自己社会角色的适应,如角色从子女到配偶到父母,再到祖父母等;在不断的自我发现中的适应,如对自己局限性和优势潜能的新发现,对自己不断增长的愿望的适应等。

一个不善于适应自己的人,是很难与环境和平共处的。每一个重大的人生发展阶段,都是人自我适应的关键期,如青春期、中年期和老年期。在这些关键的人生发展阶段,很多困扰都是由于人的自我适应没有调节好而引发的。

三、心理健康与心理疾病

提起心理疾病,许多人仍然将其和精神疾病一视同仁,好像谁要承认自己有心理健康问题就是一件很丢脸的事情。当人们出现失眠、神经性头痛、疲劳健忘、长期情绪低落等问题时也很少和心理健康问题联系起来,这是缺乏心理保健意识的表现。心理疾病就像伤风感冒一样常见,感冒了要吃药休养,发烧了要就医,而出现了心理疾病,接受心理咨询、心理治疗也是很自然的事情。

案例10-1中的客运服务人员因情绪冲动引发的矛盾就属于心理健康问题。客运服务人员的自我调控能力不够强,面对旅客的言语刺激,没有做到及时的情绪处理,造成了不良的后果。其实,旅客的话只不过是压倒客运服务人员的最后一根稻草,客运服务人员的真正问题应该是情绪长期没有得到缓解和释放。情绪的调节与处理,也属于心理健康调适的范畴。

心理健康与不健康的界限是相对的,正常与异常更像是连续体的两端,没有明显的分水岭,如图 10-1 所示。完全心理健康的人在总人群中是少数的,精神疾病患者在总人群中也是少数,绝大多数人的心理健康状态处于"灰色区域"。而人们的心理是动态变化的过程,因此会表现为在不同"区域"活动。

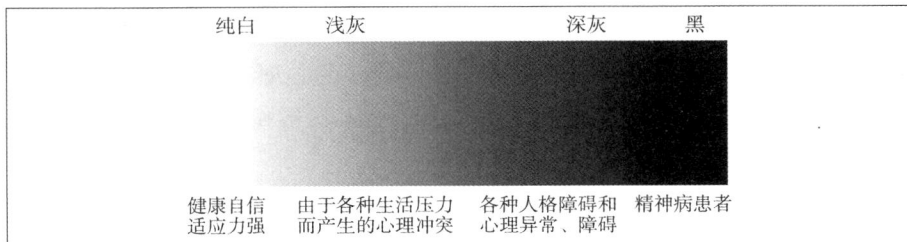

■ 图 10-1
心理健康示意

人们在日常生活中出现的心理健康问题往往处于浅灰色的区域,该区域的人通过简单的心理辅导就可以舒缓情绪、解除困扰、缓解压力。而心理健康状态处于深灰色区域的人,则建议进行心理咨询和治疗,改变其影响正常生活的认知和行为模式,以减轻心理上的痛苦与压抑,建立合理的认知,进入正常的工作和生活状态。

四、高速铁路客运服务人员心理健康管理

作为一名高速铁路客运服务人员,身系旅客的安全和列车有序运行的责任,更要关注自身的心理健康。只有拥有健康的身心,才能做好这份平凡又神圣的工作。因此,时刻观察自我状态,保持身心的健康、稳定是非常有必要的。

(一)关注心理健康问题的信号

人的身体就好比一台机器,一旦出现问题,就会自我感知并发出警报,客运服务人员需要细心观察,留意身心发出的信号,以及时判断自己的心理状态是否需要调整。当心理健康出现问题时,首先发出信号的就是人体的生物节律活动的紊乱,具体表现为以下三个方面。

(1)身体上通常表现为失眠、食欲不振、心悸等。

(2)情绪上通常会出现焦虑、抑郁、烦躁、易怒等。

(3)意识上容易出现注意力难以集中、健忘等。

当察觉到自己出现了这些症状,就要注意自己的心理状态是否需要调

整了。

据调查,高速铁路客运服务人员普遍在工作压力、情绪调节等方面会遇到问题,处理不好,就会成为心理健康问题的导火索;但稍加留意,并积极采取应对方式就可以有效缓解。

(二)学习使用科学的心理测评量表

生活中,可能有不少人都能够觉察到自己的心理健康状态出现了问题,但是这些问题究竟有多严重,是否需要去看心理医生,寻求专业的帮助,就很少有人能准确判断了。因此,学习使用科学的心理测评量表进行评估十分重要,如同人们发烧的时候用温度计测量体温确认身体温度一样,心理测评是准确、快速判断心理问题严重程度的方法。科学的心理测评量表和网络上的趣味心理测试不同,它是心理学家在大量的临床观察和测量中总结出来的,具有较高的信度和效度。

测一测

焦虑自评量表——SAS(参见附录)。

心理阅读 10-2

心理测评量表

心理测评量表又叫心理测量,是指依据一定的心理学理论,使用一定的操作程序,给人的能力、人格及心理健康等心理特性和行为确定出一种数量化的价值。现阶段心理测量以心理测评量表为主要测评手段。常用量表主要包括以下五个方面。

1. 人格测验

例如艾森克人格问卷(EPQ)、卡特尔16项个性因素问卷(16PF)、气质类型测试、明尼苏达多项人格测验(MMPI)、心境投射测验等。

2. 智力测试

例如韦氏智力测验(儿童)、瑞文智力测验、韦氏智力测验(成人)、比内-西蒙智力测验等。

3. 心理健康测试

例如90项症状清单(SCL-90)、抑郁状态量表、焦虑自评量表、简明精神病量表、社会功能缺陷评定量表等。

4. 心理状态测试

例如心理年龄量表、生活事件量表、防御方式问卷、情商(EQ)测试等。

5. 人力资源测验

例如霍兰德职业兴趣量表、职业满意度量表、人力资源管理能力测评等。

(三)选择积极健康的生活方式

身体健康是心理健康的基础和载体,心理健康又是身体健康的条件和保证。人是由大脑皮层统一指挥、各生理系统协调活动的有机体,生理活动与心理活动是互相联系、互相影响、互相制约的。

根据心理学家调查,导致疾病的因素中内因占 15%,社会因素占 10%,医疗因素占 8%,气候地理因素占 7%,个人生活方式的因素占据了 60%。可见,健康的生活方式是身体健康的必要保证,也是心理健康的基石。

1. 合理膳食、戒烟限酒

保证良好的饮食习惯和营养搭配。例如定时、定量吃饭,有粗有细,不甜不咸、七八分饱;多吃健康多样化的食物,适度饮水,少量多饮。

吸烟不仅会引起慢性支气管炎及肺部疾病,还增加了患心脏病和高血压的危险。适量饮酒可以促进血液循环,过量则对五脏的健康不利,影响消化吸收和营养物质的新陈代谢。

2. 适量有氧运动

有氧运动是指人体在氧气充分供应的情况下进行的体育锻炼,这样可以提升氧气的摄取量,能更好地消耗体内多余的热量,改善机体健康水平,降低机体的紧张程度,帮助维生素和矿物质的吸收,促进睡眠。若在运动时邀上三五好友,在"社会促进效应"的影响下,效果会更好。切记,运动不是越激烈越好,规律地运动效果才最好。

3. 平衡心态

平衡心态,就是人们所说的保持良好的心态,因为疾病在很大程度上受心理因素的影响。《黄帝内经》中提到:"恬淡虚无,真气从之,精神内守,病安从来?"学会自我调节,保持心态健康,就会拥有一个健康的身体。

那么,怎样保持平衡的心态呢? 一方面要正确看待自己,不居功自傲,也不妄自菲薄;另一方面,正确对待他人和社会,存有感激之心。此外还要做到三"乐":顺境时助人为乐,平常时知足常乐,逆境时自得其乐。

心理阅读 10-3

研究表明,很多生理疾病是与心理因素密切相关的。专家把人的行为分为 A 型和 B 型。A 型的人急躁,没耐性,争强好胜,易激动,行动快,做事效率高,整天忙忙碌碌,经常感到时间不够用。B 型的人则刚好相反,悠闲自得,不争强好胜。结果表明,在排除了食物、年龄、吸烟等干扰因素的情况下,A 型组的冠心病发病率明显高于 B 型组,而且容易复发,死亡率也大大高于B 型组。

我国学者发现,高血压病人大多有容易焦虑、易于激动、行为带有冲动性、求全责备、刻板主观等性格特点。西方学者也发现,原发性高血压症的病人具有与冠心病病人类似的性格特点,如有雄心、好高骛远、好活动、乐于竞争、为取得工作成绩而常常感到压力等。

导致消化性溃疡的原因是多方面的,如刺激性食物、饮食无规律、遗传因素等,且不良情绪也起了重要作用。有人发现,该种病人一般表现为不好交往,行为上总是因循守旧、被动、顺从、依赖性强、缺乏创造性、情绪不稳定,而且过分关注自己。

偏头痛是一种比较严重的慢性头痛病,这种病人的人格特征一般表现为敏感多疑、固执己见、谨小慎微,很容易烦恼,习惯于把愤怒、敌意或怨恨压抑在心里。

同步思考

(1)如果心理健康的满分是 10 分的话,你给自己打多少分?

(2)你认为自己需要在哪些方面做些调整呢?

单元二

高速铁路客运服务人员的工作压力管理

现代生活节奏越来越快,随之而来的各方面的压力也在增大。高速铁路客运服务人员也一样,当压力累积到一定的程度,就需要合理释放。如果不能科学地应对生活、工作中的压力,而是任由自己长时间处于高压状态,便容易产生心理健康问题。

一、工作压力概述

压力是生理系统应对刺激的反应所引发的非特定性变化所组成的。当代心理学认为,压力本质上是由于环境要求和个体特征相互作用引起的个体焦虑性反应。工作压力则是指当工作的要求和工作者本身的能力、资源或需求不能契合时,个体产生的不良压力反应。

工作压力来源于两部分:一是来自内心自我希望的加压。很多人为自己制订了一个短期或长期的目标,要求自己达到,给自己加压;二是来自外部环境,如企业的工作要求。很多人更多感觉到的是来自工作要求的压力。

二、工作压力的不良影响

任何人都需要有压力,适度的压力能使人挑战自我、挖掘潜力、富有效率、激起创造性。但是,如果个体长期、反复地处于工作压力中,压力得不到有效的缓解,就会产生一系列不良反应。

(一) 对工作的影响

工作压力可能造成对工作不满意、有厌倦感、无责任心、注意力不集中、畏难情绪严重,并导致工作效率降低、缺勤率高、失误增多。

(二) 对健康的影响

长期的压力状态会使人出现失眠、易疲劳、头痛、头晕、心悸、血压上升、慢性肌肉疼痛、月经不调等问题,如果不及时调整压力,久而久之容易出现心脏病、高血压、肠胃溃疡、支气管哮喘、淋巴腺炎等疾病。

(三) 出现危害行为

工作压力可能会使人出现吸烟、酗酒、暴饮暴食、上下级关系紧张等问题,且容易迁怒于家庭成员,做事任性、与人发生争吵、行动效率低下等。

(四)性情的改变

长期的工作压力可能会造成性情的改变。原本话多的人变得不爱说话了、性格开朗的人变沉默了、热情活泼的人变得冷淡了,显得心事重重、情绪低沉、离群索居、对外界事物兴趣减退等。

(五)情绪的变化

累积的工作压力会使人的情绪容易激动、焦躁不安、敏感多疑、冲动易怒、做事轻率等。

三、工作压力的应对与干预

测一测

你的压力状况

请选择您经常或持续出现的状况。

1. 身体压力症状　　　　　　　　　　　　　　　【是否符合】

①抵抗力下降,容易生病。

②高血糖。

③高血脂或高血压。

④非先天性心脏问题或血液循环障碍,如眩晕感。

⑤头部充血、头痛。

⑥睡眠障碍。

⑦呼吸困难(急促感)。

⑧消化机能障碍、胃病、胃灼痛。

⑨血流不畅,如手脚冰凉。

2. 精神压力症状　　　　　　　　　　　　　　　【是否符合】

①我经常被激怒。

②我经常尝试主导他人,实现自己的目的。

③我难以做出决定。

④我有学习及工作上的困难,容易控制不住自己。

⑤我经常在没有外部诱因的情况下产生失败感,或在短时间内产生强烈情绪波动。

⑥我经常感到害怕、紧张,有不确定感或障碍感。

⑦我经常感觉自己受到威胁、压制。

⑧我经常感到没有目标或是没有计划,并且不知该从何下手。

⑨我经常觉得自己无法应付某种局面或某人。

3.结果分析:看相符症状个数

①少于 3 个:大可放心,你可以很好地处理压力状况。

②3～6 个:尚能控制压力状况,但持续压力状况会对你造成损害。

③7 个及以上:强烈建议你采用专业的方法进行自我调整,避免出现你不希望的压力后果。

一个人心理压力程度的高低取决于自身的压力应对和干预。心理不健康的人往往采取一些不恰当的应对措施或者消极的自我防御机制减轻压力,如回避、压抑等;而心理健康者则会主动采取积极的或有益的应对措施,如合理地宣泄、转移注意力、改变目标等,使自己的心理状态尽快恢复到理想状态,重新开始工作和生活。那么,我们应该如何更好地应对工作压力呢?

(一)客观面对现实

现实生活是极其复杂的,每个人都有自己的理想和抱负,对自己有所要求。但是这种要求应该建立在实际的、力所能及的基础上。人们之所以感到工作、生活受到挫折,往往是因为自我目标难以实现,过高的期望只会使人误以为自己没有能力而感到自卑失望。有些人是"完美主义者",对任何事都希望十全十美,而世界上的一切事情都不可能尽善尽美。

所以,调整自己的生活目标,客观地评价事物、评价自己,在积极向上、努力进取的同时,拥有一颗坦然面对成功与失败的平常心。学会接纳他人,每个人都有自己的个性和独特行为方式,他人不会全迎合我们的意思,按照我们的意愿行事,就像我们自己也未必符合他人的要求。对他人的要求越高,落差就会越大,自己的不满情绪也会越大。而对他人没有要求或要求较低,一旦有些符合我们自己的意愿,就特别容易得到满足。所以,要客观面对现实,既不要苛求自己,也不要苛求他人。

(二)建立支持网络

当个体受到压力威胁时,他人的帮助和支持有助于恢复信心,这种帮助和支持表现为:共同讨论目前的压力情境,帮助确立更现实的目标,指出其不曾发现的积极特征,促使个体转化负面情绪。这些做法对舒缓压力和紧张情绪非常必要,是建立心理支持体系的重要途径。

有人说:"一份快乐由两个人分享会变成两份快乐,一份痛苦由两个人分担就只有半份痛苦。"如果把自己的烦恼、痛苦埋藏在心底,这些情绪就会一直储存在我们的意识或潜意识里;而如果把心中的忧愁、悲伤、害怕等向亲朋好友倾诉出来,即使他们无法替你解决现实问题,但是得到朋友的支持和安慰,消极情绪就会减轻。

(三)改变认知方式

每个人看待事物的角度存在差别。生活中有很多事情正是由于人们的信息角度不同,得出的结论也大相径庭。所以,当一个人面对压力时,不要总觉得"我别无选择""无路可走",而是要想想自己对事物的认识是不是过于片面,试着换个角度看待问题。转换一个看待问题的角度,就多了一条解决问题的路径,有些问题就会出现转机。

(四)掌握压力调节的方法

1. 放松技术

放松技术是最适用于应对压力的心理技术,它能够令紧张、焦虑的心迅速地平静下来,让疲劳的身心得到休息,以更好的状态迎接挑战。科学的放松技术通常分三步:呼吸放松、肌肉放松、意象放松。

(1)呼吸放松。可以舒服地坐着或躺着,深而缓慢地呼吸,将双手放在肚脐上,吸气时感受腹部随着呼气隆起,直到不能再吸气;呼气时感受腹部收缩,直到感觉不能再呼出。呼吸过程不必刻意用力,感觉舒服即可,一呼一吸之间也可稍微憋气,停顿几秒,这样的呼吸方式能够让人快速地平静放松下来。

练一练

放 松 引 导

将你的注意力放到呼吸上,随着平静、均匀的一呼一吸,身体也慢慢停止动作。注意你的胸腔,它缓缓地一升一降,肚皮也在一伸一缩。

你会发现空气顺着鼻腔的内壁,缓缓流过,摩擦着鼻腔,仔细体会鼻腔对这种微小的运动有什么感觉。

每次呼吸都排出一些东西……愿意的话,就想象着,每一次的呼吸,都让你从白天的紧张和忙碌中解脱出了一点,并多了一点舒适和安逸。

(2)肌肉放松。调整呼吸,当身体平静下来后,伴随着这种呼吸,可以局部地进行肌肉放松。方法是:吸气时用力绷紧身体某部位的肌肉,如双腿、双臂、肩膀等,憋气保持几秒……然后用嘴叹气似的长呼一口气,随之肌肉不再用力,完全放松。

通常放松的顺序是从脚到头或从头到脚,逐个部位进行放松。做完局部放松后,可以在脑海中想象自己像一支蜡烛,随着蜡烛的燃烧,自己从头顶到脚底,一截一截地变得温暖、柔软、放松。此时,就能够感觉到身体非常的舒适和平静了。

(3)意象放松。如果希望自己更加放松,可以继续进行第三步,用想象力在脑海中营造一个让人感到舒适的场景,让自己仿佛置身其间,给自己一个精神休憩之地。通常这些场景可以是海边、阳光下的林荫道、湖边、森林等。总之,是一个安全的、舒适的、令人愉悦的地方。

练一练

意象放松——心灵花园

花园大小

● 我要邀请你为自己创建一个你真正想要的心灵花园（图10-2），想象有那么一片处女地，那里有清新的土壤，充满着活力。

● 或许一杯土对你来说就足够了，也或许你想要一个阳台那么大的地方，也可能你想要很大一片地，就像公园那样大的地。

● 请给自己一点时间确定你想要的花园的大小和地貌。

● 接下来，为你的花园建立一个边界，就按你自己想要的那样：例如，用栅栏、树篱、围墙或树……如果你喜欢，你也可以不设边界，开放你的花园……找到你最喜欢的样式。

■ 图10-2
意象放松

栽培你的花园

● 现在请你在你的土地上种上任何你想要栽种的东西……

● 或许不定什么时候你想要对花园做些改变，那就在花园的一角留个肥堆吧。你可以将任何你不再想栽种的东西放到这个肥堆里，让它变成肥料来改善土壤。

进一步地修整

● 如果你愿意，你还可以对花园再做些修整：或许你想要有些水，修个池塘，造个水源或者一条小河……

● 如果你愿意，你也可以建造一个坐的地方。

● 或许你想在花园里养些动物，如果是这样的话你想养些什么动物呢？任何时候你想对花园做些改变都是可以的。

欣赏你的花园

● 如愿以偿地修整好花园之后，你就可以找一个美丽的地方坐下来欣赏你的花园了。

● 往四处看看，你都看到了哪些颜色、哪些形状呢？你都听到什么了呢？闻到了什么？……身处其间，你的身体感觉怎么样呢？

● 你可以考虑邀请一位你喜欢的人来到你的花园。不过需要确定的是他/她必须是能珍视你的花园和为你的花园付出心血的人。

● 任何时候你都可以回到你的心灵花园，只要你愿意，你也可以随时对花园做些改变。现在，请你按照你自己的节奏回到这里来……

■ 图 10-3
芳香疗法

2. 芳香疗法

广义的芳香疗法是将植物芳香精油通过"香熏""按摩"和"沐浴"等方法,利用人体的嗅觉、味觉、触觉、视觉、听觉五大感官,把植物的荷尔蒙,经由皮肤和呼吸系统吸收,进入脑下垂体,调整身体内分泌,从而对人在生理和心理上进行调整,使身心恢复协调,消除忧郁、焦虑、烦闷、愤怒等情绪和疲惫感,使人获得一种身心舒畅的感觉,也有人称其为"五感疗法",如图 10-3 所示。

3. 合理宣泄

当人感到压力非常大的时候,给自己压抑的情绪找个宣泄的出口是非常必要的,通过合理宣泄,将压力产生的垃圾倒掉,内心才能保持健康、活力。常见的宣泄方式有:哭泣、与人倾诉、爬到山顶大喊、写日记、运动、做家务等,总之就是把内心负面的能量转化成肌肉运动的能量,或者升华成精神世界的产物。

心理阅读
10-4

释放压力,空杯心态

很多人总是抱怨世界太小,无处施展自己的才华。其实并不是世界太小,而是我们将自己看得太大。当心中装满了自己,就不会有别人的地方,世界当然就会很小。而将自己放小,所有的人和事都能容下,那么世界自然就会变大。

"空杯心态"其实就是将自己心中的"杯子"倒空,将自己所在意、重视的事情和成就以及自己的一些过去,从心态上通通放下。这就好比一个装满水的杯子很难再接纳新的东西,只有将杯子里之前的水倒了,才能注入新的水。只有做到真正的不计较与放下,才能拥有更大的成功与辉煌。

高速铁路客运服务人员的情绪调节

一、情绪调节的概念与意义

情绪调节是指一个人对生活事件引起的不良情绪能及时地自我排解,能以乐观的态度、幽默的情趣、积极的情绪调节方法及时地缓解紧张的心理状态,具有良好的情绪调节能力的人可以及时摆脱不良情绪的困扰,保持积极的心境。

高速铁路客运服务人员在工作中要面对成千上万的旅客,需要处理的情况层出不穷。种种原因,客运服务人员与旅客之间产生矛盾和误会的情况时常发生。在产生矛盾时,如果不加以自控,冲突会愈演愈烈。因此必须调节好自身情绪,积极工作的同时,帮助旅客解决问题。

二、情绪对高速铁路客运服务的影响

情绪对人的发展影响极大,作为客运服务人员,每天要接触不同的旅客,自身的情绪状态与服务质量有着紧密的联系。

(一)积极影响

1. 有利于高速铁路客运服务人员开展工作

当客运服务人员的情绪处于良好状态时,会感到轻松愉悦,能够正确认识和对待各种现实问题,从容化解客我交往中的各种矛盾,建立良好的人际关系。

案例 10-2

售票员牛佳美:希望旅客想到我会微笑

在沈阳铁路局集团公司吉林站东售票大厅的 4 号窗口,经常坐着一个长相甜美的小姑娘,她叫牛佳美,她所在的售票窗口,叫"微笑明星佳美窗口"。善意、温暖的微笑和循循善诱的语音是牛佳美在工作岗位上的两大法宝。

一位旅客质问:"为什么要帮前面的那个老头查那么复杂的票,耽误其他旅客买票?"牛佳美听后马上向旅客道歉说:"对不起,让您久等了,老人行动不方便,又是一个人出门,都排到他了,没有办法让老人去问询窗口查询后再返回来购票,请您理解,希望我的服务同样能让您满意。"温馨的话语和始终微笑的脸,使旅客消了气,并表示理解。

曾经给牛佳美写过表扬信的姚老先生每次来吉林站,都会打电话给她,就像是来走亲戚一样,这是让牛佳美感觉十分幸福的事。毕业于吉林铁道职业技术学院的牛佳美,曾经的愿望是当一名可以走遍全国的美丽动姐,"我上学的时候,'吉长'线刚刚开始跑动车,我十分向往做一名动车乘务员。"但现在,每天都要坐在售票大厅里的牛佳美一点都不觉得遗憾,"一张小小的车票,是一段旅程的开端。有了票才有了车站和整个铁路系统对旅客的后续服务,我很荣幸能够成为这个工作岗位上的一员。"牛佳美告诉记者,她有一个心愿,那就是能有更多的人像姚老先生一样,因为她的微笑服务,对吉林站、对整个铁路系统留下美好的印象,"希望他们走进吉林站的时候觉得开心,想起我的时候会微笑。"

(资料来源:中国青年网)

2.拉近与旅客的心理距离

部分旅客与铁路运输企业建立服务关系时,因为陌生,相互不了解对方,会感到紧张与不安,进而产生戒备心理。此时,客运服务人员轻松愉悦的情绪不但可以使自己处于一种良好的工作状态,还可以感染旅客,使旅客感到信赖与安全,拉近彼此之间的心理距离,建立起和谐的服务关系。

3.化解旅客的不良情绪

客运服务人员的良好情绪状态可以通过表情,特别是热情洋溢的笑容传达给旅客,给旅客以亲近感和温馨感,有利于消除旅客长途旅行的疲劳、孤独等消极情绪,获得舒适的乘车体验。在服务过程中,客运服务人员的良好情绪所释放出来的热情、温婉和真诚可以有效化解旅客因各种纠纷产生的不愉快情绪,从而赢得旅客的配合与理解。

总之,积极饱满的情绪是营造良好客运服务氛围的重要因素。客运服务人员要懂得以积极乐观的情绪,创造良好的客运服务心理氛围,激发自己的工作热忱和兴趣,进行贴心周到的服务,提高客运服务的效率和质量,使旅客和自己都能获得精神上的满足。

(二)消极影响

不良情绪又称情绪困扰,是指那些容易使人陷于不良情绪体验中不能自拔或体验的强度和持续时间都超过一般人,严重妨碍工作、学习和生活的情绪。客运服务人员的不良情绪会对工作和自身都产生消极的影响。

1.损害客运服务人员的身心健康

经常、持久地出现消极情绪,会引起长期的神经系统紧张,导致身心疾病。如神经系统紊乱、分泌功能失调、免疫力下降等,最终,可能转变为严重的心理问题。

2. 影响客运服务人员的人际交往

当一个人被焦虑、暴躁、愤怒等不良情绪困扰时,与他人交往常会导致行为上的失控,出现过激行为,并由此导致严重的人际冲突与纠纷。客运服务人员如果不能很好地调节自己的不良情绪,就可能会影响与同事或旅客之间良好人际关系的建立。

3. 降低客运服务人员的服务质量

带着消极情绪工作的客运服务人员,以及因长期消极情绪困扰而出现心理问题的客运服务人员,是无法为旅客提供良好的客运服务的,也很难与旅客建立起良好的服务关系,更不会赢得旅客的配合与理解。不良情绪还会影响旅客,引发旅客不良情绪的产生,从而激发和加剧矛盾,形成恶性循环。所以,不良情绪如果得不到有效管理,将会直接影响到客运服务的质量。

三、高速铁路客运服务人员常见的情绪困扰

高速铁路客运服务人员在客运服务中会出现各种情绪,常见的情绪困扰主要包括以下五种。

(一) 焦虑

焦虑是个体对当前或预感到的挫折产生一种紧张、忧虑、不安兼有恐惧的消极情绪状态。它包括自尊心和自信心的丧失、失败感和内疚感的增加等。

焦虑是高速铁路客运服务人员常见的情绪困扰,多源于工作、生活与人际交往方面所遭受到的挫折。如高速铁路客运服务人员承接的期望和要求过多、过高而导致的工作压力过大、工作目标过高、工作量过大、工作事务过于烦琐、工作任务不够具体量化等,会引起情绪上、行为上和身体上的消极影响,产生焦虑情绪。尤其是在处理纠纷事件时,作为与旅客直接接触、面对面服务的客运服务人员,处在风口浪尖上,心理压力特别大,极易引发焦虑情绪。过度的、持久的焦虑会损伤铁路客运服务人员的正常心理活动,导致心理疾病的发生,从而严重影响客运服务人员的正常工作和生活。

(二) 抑郁

抑郁是一种持续的心境低落、悲伤、消沉、沮丧、不愉快等综合而成的情绪状态,表现为兴趣淡漠、被动消极、悲观绝望,很难全身心投入现实的生活与工作之中。每个人都会有抑郁的情绪,高速铁路客运服务人员也不例外。

处于抑郁情绪状态的人,在生理方面容易感到身体不适,如头痛、胃痛、疲劳等,做事经常感到疲倦,伴有睡眠障碍。在心理方面,表现为心境低落、闷闷不乐、沮丧、悲观,甚至绝望。情感淡漠,对事物兴趣减退,失去幽默感,自我满足感降低、内心冲突强烈、自责心重,失落感增强。在行为方面,抑郁情绪往往会引起工作效率下降,工作时精力不集中,记忆力下降,思维能力减

退,容易造成工作失误。

高速铁路客运服务人员的抑郁情绪源于工作责任重、风险大、枯燥重复的工作内容多,难以得到家人的理解和支持,同时要面对升职压力,经常因旅客的不理解、不配合或投诉等遭受批评,不可避免地被负面情绪所影响。

(三)冷漠

冷漠是个体在遭受挫折后,对待焦虑的一种防御手段,也是一种消极的情绪状态。它包括缺乏积极的认知动机、活动意向减退、情感淡漠、意志衰退、思维停滞。冷漠是一种个体对挫折环境的自我逃避式的退缩心理反应,带有一定的自我保护意识或自我防御性质。当在生活和工作中遭受挫折并感到无能为力时,往往表现出不思进取、情绪低落、沮丧失望、意志麻木等心态。

如果客运服务人员长期处于一种压抑、委屈甚至被伤害的心理状态,得不到及时而有效的疏导和调适,冷漠就会成为他们的保护色,这样会造成他们与旅客的心理距离越来越远,缺乏责任感和成就感,对自己的评价也降低,最终严重影响生活与工作。但是,表面上的冷漠掩盖着的却是他们深层次的痛苦、孤寂、无助和强烈的压抑感。

(四)愤怒

愤怒是由于客观事物与人的主观愿望相违背,或愿望无法实现时产生的一种激烈的情绪反应。愤怒发生时,可能导致人体心跳加快、心律失常、血压升高等躯体性反应,同时使人的自制力减弱甚至丧失,思维受阻、行为冲动。高速铁路客运服务人员长期处于高强度的心理压力状态下,很容易产生愤怒的情绪,在这种情绪状态下,他们可能会冲动行事,造成不可挽回的损失。

(五)恐惧

恐惧情绪是一种人类遇到不可预料、不可确定的因素时,无所适从的生理或心理上的强烈反应。铁路客运服务人员往往会因为旅客的群体性事件或个别旅客将愤怒情绪发泄到客运服务人员身上而产生恐惧情绪。此外,铁路客运服务人员产生恐惧情绪时,还常伴有悲伤、沮丧、自卑等其他情绪状态。

案例 10-3

高铁一旅客拒绝查票

某高铁动车组上一名旅客拒绝查票,与列车乘务员发生冲突。该旅客情绪激动,在拉扯之中,被旅客拽了的列车乘务员没有站稳,跌坐在地上,此时列车乘务员也没说什么。然而这名旅客却说列车乘务员是在碰瓷,非要找列车长理论,要投诉。讽刺的是,旁边的孩子不停劝阻:"阿姨,每个人都要查票的啊!"该旅客回喊:"坐着,大人说话,小孩别插嘴。"列车长赶到时,这名旅客更是强调列车乘务员"服务态度不好"。而在旁一直忍耐着的列车乘务员再也抑制不住自己内心的委屈,掩面痛哭起来。

一旁的旅客纷纷出口相助,说"列车乘务员的态度很好,特别好,是你一直在不讲理,怎么能怪别人?"而这名旅客眼神更加愤怒⋯⋯

四、高速铁路客运服务人员情绪调节方式

在高速铁路客运服务过程中,作为客运服务人员难免会因为一些服务纠纷、突发事故等产生不良情绪,从而无法积极乐观地面对工作;甚至在不良情绪影响下,消极面对生活,出现严重心理健康问题,这就需要通过情绪调节来重新激发自身的热情。

(一)觉知自己的情绪状态

觉知自己的情绪状态,需要在觉察情绪状态时,分析引发情绪的原因,做到有效管理自己的情绪。

可以经常提醒自己觉察:现在的情绪是什么? 例如,当客运服务人员面对旅客的冷言冷语时,问问自己:我现在有什么感受? 如果察觉到自己因旅客的言语感到生气,又觉知到当前身处的情境,就可以对自己的情绪做更好的处理。当然,有了不舒服的感受,还要勇敢地面对,仔细想想为什么这么难过、生气,怎么做可以减少不愉快,怎么做结果会更好。通过这样的内在自我探索,清晰地了解自己的心理状态,从而做到有的放矢。

(二)合理情绪疗法

合理情绪疗法也叫"情绪 ABC 理论",是认知心理治疗中的一种方法,因其中也有行为治疗的方法,也被看作认知行为疗法的一种。这里的 A 代表具体事件,B 代表对这件事的看法,C 代表情绪反应。人们对事件的情绪反应不在于事件本身(A),而在于对事件的不合理认知(B)。因此,通过改变对事件的认知和看法,就可以改变情绪,从而改变对事件结果的认识,以最大限度地减小不合理的信念给人们的情绪所带来的不良影响。

日常生活中,人们常表现出下列不合理认知:人应该得到生活中所有对自己重要的人的喜爱和赞许;任何事都应按自己的意愿发展;已经定下的事是无法改变的;情绪由外界控制,自己无能为力等。正是由于这些不合理信念,人们才会出现压抑、敌对、焦虑、忧郁等不良情绪。因此,调整信念,就是运用合理情绪疗法来调节情绪的关键所在。

心理阅读
10-5

有一个小男孩,一次长跑比赛回到家里,父亲看到他很高兴,马上就问:

"你是不是得了第一名?"他说:"没有啊,我得了第二名。"父亲很生气,骂道:"得了第二名有什么好高兴的。"小男孩说:"爸爸,你知道吗?那个第一名不知道被我追得有多惨!"

这就是那个小孩的看法。他看重的是跑步的过程,虽然他只得了第二名,但他情绪反应是快乐的。这个快乐(C)不是比赛结果(A)——"第二名"引发的,而是小男孩的看法(B)——"第一名被我追得多惨"引起的。而爸爸生气是因为他只看重比赛的结果。同样一场比赛,两种不同的看法:爸爸生气,儿子高兴。

练一练

请就以下事件,尽可能多地写出你的想法,并注明每一种想法下的情绪反应。

事件1:你的好友说周末约你去逛街,但整个周末他/她都没有和你联络。

事件2:你回寝室的时候,跟寝室同学打招呼,可没有一个人回应你。

试试将每种想法调整一下,看看是否会得到不同的情绪反应?

(三)情绪疏导法

1. 宣泄疏导法

宣泄疏导法是一种效果十分显著的消除不良情绪的方法,它具有简捷、易操作、收效迅速的特点。对情绪变化明显、心理反应敏感的客运服务人员来说,宣泄疏导法是一种容易接受的"短、平、快"的方法。对不良情绪的宣泄有很多方法,如语言倾诉、与人交谈、写作、看电影、画画、旅游、到空旷的地方大喊、哭泣、进行比较剧烈的体育运动等。但如愤怒时砸东西、攻击他人、烦闷时酗酒解愁等方法,虽然能够将不良情绪发泄出去,但都是暂时的,而且会带来更大的烦恼,甚至引起更严重的后果。因此,在运用宣泄疏导法时,要根据实际情况,通过正常合理的途径和渠道,采用适当的宣泄形式,以取得良好的宣泄效果。

心理阅读 10-6

一些企业设有"出气室"和对职工进行开导的"恳谈室"。对于那些过度压抑、内向却不愿意宣泄的人,可以运用替代式宣泄法,即通过观察他人的宣泄行为来释放自己的压抑情感。

2. 反向心理调节法

反向心理调节法,也叫反向思维法,其关键在于思维方向的"趋利性",

就是遇到困难或逆境时要从积极的方面去想,发挥自己的积极情绪战胜消极情绪。面对生活中的不幸,想着痛苦就很痛苦,想着快乐就很快乐,痛苦和欢乐,往往是一个事物的两个方面。当我们感到痛苦时将思维的方向盘转向快乐的一边,这是自己可以驾驭的。

3.音乐放松法

音乐可以帮助人们转移和化解心理焦虑,使人们产生愉悦的感觉。客运服务人员应听些旋律优美、曲调悠扬的乐曲,达到放松情绪、缓解紧张的效果。不同节奏的音乐可以帮助人们释放不同的情绪,同时,舒缓的音乐可以帮助人们放松心情,缓解焦虑,恢复平和的心理状态。相关资源见二维码。

冥想音乐

4.语言暗示法

当不良情绪即将爆发或感到心中十分压抑的时候,可以通过语言的暗示作用来调整和放松心理上的紧张,使不良情绪得到缓解。当你将要发怒的时候,可以用语言来暗示自己:"别做蠢事,发怒是无能的表现。发怒既伤害自己,又伤害别人,还于事无补。"这样的自我提醒会使心情慢慢恢复平静,更理智地处理问题。

(四)寻求专业的心理帮助

当个体面临各种心理问题时,处理问题的方式常有两种:一是采用心理自助的方式,二是采用向外部寻求心理帮助的方式。而向外部寻求心理帮助的途径主要有两种:一种是向家人、朋友等寻求心理帮助,另一种是向专业心理工作人员寻求心理帮助。专业的心理工作者具有专业的知识技能,掌握着解决心理问题的专业方法和手段,如心理冥想、沙盘疏导、个案心理咨询等,可以对来访者发挥社会支持的作用,帮助来访者解决心理问题、摆脱心理困扰,从而使来访者恢复心理健康。

心理阅读
10-7

沙盘疏导是在一个自由、受保护的空间,来访者用各种沙具表达内心世界,使人们在无意识中表达其内心深处非语言的经历及被阻碍的能量。如图10-4所示。这种接触与表达,可有效激活、恢复、转化并治愈心理问题,对心理健康的维护、人格发展及心理成长都有很好的促进作用,能够有效治疗各种心理创伤。

■ 图10-4
心理沙盘

寓言一则——《十八只狐狸吃葡萄》(节选)

有一个古老的故事:在一位农夫的果园里,紫红色的葡萄挂满了枝头,令人垂涎欲滴,当然,这种美味也吸引了在附近安营扎寨的狐狸们,它们早就想享受一下了。

第一只狐狸来到了葡萄架下,它发现葡萄架远远高出它的身高。它站在下面想了想,不愿就此放弃,机会难得啊!想了一会儿,它发现了葡萄架旁边的梯子,回想农夫曾经用过它。因此,它也学着农夫的样子爬上去,顺利地摘到了葡萄——这只狐狸采用的是问题解决方式,它直接面对问题,没有逃避,最后解决了问题。

第二只狐狸来到了葡萄架下,它也发现以它的身高这一辈子是无法吃到葡萄了。因此,它心里想,这个葡萄肯定是酸的,吃到了也很难受,还不如不吃。于是,它心情愉快地离开了——这只狐狸运用的是心理学当中经常提到的"酸葡萄效应",也可以称为文饰作用或合理化解释,即以能够满足个人需要的理由来解释不能实现自我目标的现象。

第三只狐狸来到了葡萄架下,它一看自己的身高在葡萄架下显得如此的渺小,便伤心地哭了起来。它伤心为什么自己如此矮小,如果像大象那样,不就能想吃什么就吃什么吗?它伤心为什么葡萄架如此高,自己辛辛苦苦等了一年,本以为能吃到,没想到是这种结果——这只狐狸的表现在心理学上称为"退行",即个体在遇到挫折时,从人格发展的较高阶段退到人格发展的较低阶段。

第四只狐狸来到了葡萄架下,它站在高高的葡萄架下,心情非常不好,它在想为什么我吃不到呢,我的命运怎么这么悲惨啊,想吃个葡萄的愿望都满足不了,我的运气怎么这么差啊?越想它越郁闷,最后郁郁而终——这只狐狸的情况是"抑郁症"的表现,即以显著、持久的心境低落状态为特征的神经性障碍。

第五只狐狸来到了葡萄架下,这是一只漂亮的狐狸小姐。它想我一个弱女子,无论如何也够不到葡萄了,我何不利用别人的力量呢?因此,它找了一个男朋友,这只狐狸先生借助梯子给了狐狸小姐最好的礼物——这在心理学上称为"补偿原则",即利用自己另一方面的优势或是别人的优势来弥补自己的不足。

第六只狐狸来到了葡萄架下,它发现想吃葡萄的愿望不能实现,不久他出现了胃痛、消化不良的情况。这只狐狸不明白一向很注意饮食的它,怎么消化系统会出现问题——这只狐狸发生的情况在心理学中我们可以称为"转化",即个体将心理上的痛苦转换成躯体上的疾病。

第七只狐狸来到了葡萄架下,它心想,我自己吃不到葡萄,别的狐狸来了也吃不到葡萄,为什么我们不学习猴子捞月的合作精神呢?前有猴子捞月,今有狐狸摘葡萄,说不定也会传为千古佳话呢! 于是它动员所有想吃葡萄的狐狸合作,搭成狐狸梯,这样大家都吃到了甜甜的葡萄——这只狐狸采取的是问题取向的应对方式,它懂得合作的道理,最终的结果是既利于自己,又利于大家。

......

同步思考

以上是一个寓言故事,但是在现实生活中也同样存在面临同样的困境,不一样的心态,不一样的思维方式,会有不一样的结果的情况,你选择做哪一只狐狸呢?

实践训练

常见心理健康调适技能应用

1.实训目标

(1)结合工作和生活情境,加深学生对心理健康的认识;

(2)强化心理健康管理意识,学习使用心理压力及情绪调适技能。

2.实训内容

以小组为单位,探讨各自经常会出现的生活压力和不良情绪,针对这些压力和情绪运用具体的心理方法进行分析调适。

3.实训考核

(1)每个组员提出自己的分析报告;

(2)根据分析报告进行评分。

思考题

1.影响心理健康的因素有哪些?

2.工作压力应如何应对与干预?

3.客运服务人员的情绪调节方式有哪些?

高速铁路客运服务人员
职业倦怠与激励

◎ 学习目标

1. 理解高速铁路客运服务人员的职业倦怠；
2. 掌握高速铁路客运服务人员自我激励的方式；
3. 掌握高速铁路客运服务人员的团队激励途径。

⊛ 内容结构

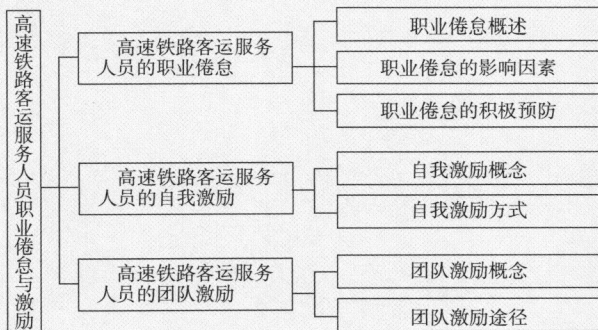

⚛ 课前导学

案例 11-1

职业发展"亮红灯"

小李是高速铁路上一名普通职工,春运之前部门布置工作任务,他不接受领导安排,工作态度差。

"我们拿我们的一百年不变的'死'工资,最多春运结束后发个一百、两百的春运安全奖金,但是工作量却要增加两三倍。同时上级各种检查组一天来检查好几次,发现点问题就要扣工资。还不能和他们理论,说得越多扣得越多。旅客受了委屈,尽可以投诉。我们呢,只有自己受委屈。这样的工作有什么意思?到底为什么做这样的工作,受这样的待遇?有什么意思呢……"小李不停地抱怨着。就这样,他一直闹情绪,用消极怠工的方式向领导表达不满,同时以各种理由拒绝工作安排,或故意不完成工作……

但小李在参加工作之初其实是一个特别积极上进的人,而上述种种工作表现是在他参加工作几年后慢慢出现的。那么,到底是什么让他发生了如此大的变化呢?

同步思考

(1)结合上述案例,总结在工作中哪些方面会让人心生抱怨。

(2)当出现这些消极怠工的情绪时,我们要如何应对?

高速铁路客运服务人员的职业倦怠

在高速铁路客运服务过程中,当对自身角色定位不准、不能准确理解服务的意义、个人期望得不到充分满足、工作繁重导致难以维持工作和家庭的平衡时,客运服务人员很容易发生职业倦怠。

一、职业倦怠概述

职业倦怠又称职业枯竭症,是一种由工作引发的心理枯竭现象,是人在持续的工作重压之下所体验到的身心俱疲、能量被耗尽的心理感受。

职业倦怠的表现有以下六种。

1. 体能枯竭

"累"是最突出的感受,并难以缓解。个人感觉自己正在被一点一点地榨干,生活也在自己的衰弱下逐渐失去掌控。

2. 情感耗竭

感觉当初的热情与活力不再,曾经善良的自己变得刻薄没有耐心,受伤、脆弱或任何难以承受的感觉最终都变成压抑的愤怒,一再忍耐,一触即发。

3. 低满足感

无论对工作还是对自己,满足感越来越低,甚至开始怀疑自己选错了职业,但又缺乏改变的勇气。

4. 丧失热情

对工作丧失热情,情绪烦躁、易怒;对前途感到无望;对周围的人、事物漠不关心。

5. 工作态度消极

对工作厌倦、对旅客冷淡、没有耐心、不温和,甚至态度十分恶劣。

6. 对工作的价值评价下降

常常迟到、早退、请假等,甚至打算跳槽或转行,但是具体打算换个什么样的工作,自己又说不清楚。

当一名客运服务人员出现上述"症状"时,就说明已经面临职业倦怠了。意识到这些危机并积极进行调节,将有助于客运服务人员重新找回工作的热情。职业倦怠现象在各个职业中都会发生,服务行业的表现尤其突出,直接影响着最终的服务质量。

二、职业倦怠的影响因素

职业倦怠因工作而起,直接影响工作人员的身心状态,又反作用于工作本身,导致工作状态恶化,并反过来促使职业倦怠进一步加深,这是一种恶性循环。想要有效应对职业倦怠,需要先了解引起职业倦怠的因素。

1. 工作压力

客运服务人员要承受巨大的工作压力。如个别旅客的刁难和挑剔,甚至是恶意投诉,在这种情况下,客运服务人员还要主动热情服务,承担恶意投诉的结果。这种心理压力让客运服务人员难以应对。

2. 社会支持

许多高速铁路客运服务人员与家人聚少离多,而且越是节假日越忙碌,在别人休假的时候依然奋斗在一线,特别需要得到家人的理解。同时,因职业的特殊性,铁路系统的交往圈子较小,基本上都是自己的同事,工作与生活难以分开。与外界人员的交往较少,很难获得更多的社会支持。请大家进行测试,填写社会支持量表(见本书附录)。

3. 职业发展

相对于许多职业来说,高速铁路客运服务人员的服务职业生涯是短暂的,其职业竞争也越来越激烈。这种职业的强竞争性,势必给高速铁路客运服务人员造成极大的心理压力。

以上三种主要因素造成客运服务人员压力过大,不仅对其生理、心理和行为产生不良影响,而且影响其工作稳定性,也是企业发展的不稳定因素,甚至可能造成不可挽回的损失。因此,预防职业倦怠,关注客运服务人员心理状况,引导客运服务人员自我激励并进行团队建设是需要重点关注的问题。

三、职业倦怠的积极预防

从某种意义上讲,职业倦怠是每个人职业生涯都可能会经历的过程,而高速铁路客运服务人员面对单调、重复的工作更容易产生职业倦怠。但是,职业倦怠并不是必然会发生的,做好预防尤为必要。

(一) 对职业赋予意义

意义感的缺失,常让高速铁路客运服务人员难以感到工作的价值,也因此很难对自己、对工作有积极的评价。赋予工作意义就是在给工作增加价值,意义赋予了每件事情以价值。工作越有意义,在客运服务人员的心中就越有价值,越容易让客运服务人员获得自我价值感。铁路工作虽然辛苦,但是能够看到自己为铁路工作的付出、为广大旅客的付出具有重大的社会价值,内心会产生满足感。所以,铁路客运服务人员要发现、认可铁路客运服务工作的意义,才能有效避免职业倦怠的发生。

案例 11-2

彝族列车长 23 载坚守大凉山

阿西阿呷是中国铁路成都局集团有限公司成都客运段 5633/5634 次"小慢车"的彝族列车长(图 11-1)。自参加铁路工作以来,她一直忙碌在这趟"小慢车"上,热情爽朗,23 年始终如一地细心服务车上每位旅客。电话号码 17 年不换,只因那串数字承载着乡亲们的希望。因为感悟老乡们生活的艰辛、出门的不易,阿西阿呷选择在这趟"小慢车"上为老乡们服务,尽自己最大的努力给老乡们提供帮助。能够为老乡们服务,助他们经济脱贫、精神脱贫,是她最大的心愿。

■ 图 11-1
彝族列车长与旅客

随着国家精准扶贫政策给大凉山带来的变化,彝族人民对子女教育越来越重视,乘坐"小慢车"去县城读书的彝族孩子一年比一年多。每逢周五、周日,列车上都是穿着校服、背着书包的彝族娃娃们。她总是对孩子们呵护有加,有时还给他们辅导作业,鼓励他们好好学习,走出大山,踏上成才的希望之路。也正因此,阿西阿呷的内心充满了无比的幸福和满足。

(二)提升职业素质

职业素质的提升可以为自己赢得更多的发展空间。通常职业素质包含两方面的内容:一是提高心理素质,学会高情商地处理工作过程中的各种关系,做到成熟有度;二是提高专业技能,拥有过硬的技能,工作起来才会更加得心应手。工作做得好,对职业的控制感强,自然就容易产生职业满足感,不容易引发职业倦怠。

案例 11-3

信号工的逆袭,绝不是一个梦

刘博,是中国铁路沈阳局集团有限公司锦州电务段锦州车载车间的一名信号工。他 2002 年入职。之后他立足岗位,在师傅的带领和启发下,精心钻研技术业务;他勤奋好学,在工作之余找来大量专业书籍,有空就抱着书本"啃",并记下了 30 多万字的笔记。为进一步提升业务水平,刘博还到北京交通大学进修机车车辆专业课程,不断丰富自身的理论知识。同时,他还坚持将所学知识与岗位实践紧密结合,利用业余时间在练功室对着设备进行反复拆装训练,直到熟练为止。

终于,刘博凭借自己的辛勤付出获得了全国技术能手、全路技术能手、火车头奖章、辽宁省劳动模范以及中国国家铁路集团有限公司"铁路工匠"等荣誉,并享受国务院政府特殊津贴,成为铁路系统的"数据大师"。

(三) 做好职业规划

良好的职业生涯管理,可以使人更理性地看待工作和生活,更平和地处理各种问题,使职业生涯更充实、更有实效。在职业生涯的开发阶段,个人可以对自己的潜能进行科学测评,为职业生涯的发展确立方向、目标、时间和方法,使其具备可操作性。定期根据自己的职业生涯实践进行理性的评估,找出自己的差距和不足,根据内外环境的变化修正自己的职业目标;针对自己的薄弱环节,通过教育和培训进行充实和提高,引导职业生涯顺利发展,从而避免职业枯竭。

(四) 了解并超越自我

学会宽容自己、善待自己,不但要了解自己的情绪,接受自己的感受,调整自己的情感,也要理解、接纳他人的情绪感受,做情绪的主人,为应对职业压力、预防职业倦怠练好"内功"。

在工作场所将自己的情绪和工作本身分开,体现自己的职业素养。当发现工作所需的资源消耗高于补充时,应主动进行自我充电;当职业枯竭发生时,应更快发现自己的不足,除了与时俱进掌握新技能外,更要改变观念,重新认识自己的工作。在日常工作中进行创造性的活动,培养新的兴趣点,增加工作的乐趣。职业压力产生的同时也伴随着职业机遇,当克服了压力,突破了职业心理极限时,职业生涯将会产生质的飞跃。客运服务人员能够站在更高的职业起点,就能更好地避免职业倦怠的产生。

(五) 适当运用激励

激励就是激发动机、诱导行为,使人发挥内在潜力,为实现目标而积极努力的过程。激励方式有个人自我激励和团队激励两种。适当的激励可以有效预防和缓解客运服务人员的职业倦怠。

(1)激励可以调动客运服务人员的工作积极性和创造性,能激发客运服务人员的工作热情和兴趣,使消极怠工者变为积极上进者,更加努力工作,充分发挥自身的价值;激励还可以激发客运服务人员的改革创新精神,从而大大提高工作业绩。

(2)激励有利于增强企业凝聚力。企业是由若干员工个体、工作群体组成的,为保证企业作为一个整体协调运行,除了用严密的组织结构和严格的规章制度进行规范外,还需通过运用激励方法,满足员工的多种心理需求,调动员工工作积极性,协调人际关系,进而促进内部各组成部分协调发展。

单元二

高速铁路客运服务人员的自我激励

每个人都有巨大的潜力,一个人在工作中,只要发挥出 20%～30% 的能力就足以应付。当他的动机处于被激励的状态时,他的能力则可以发挥出 80%～90% 。这就是说,人们通常的工作水平和激励下的工作水平相差很多。

一、自我激励概念

自我激励是指个人通过对自己的主动了解和认识,应用科学的激励方法,实施激发和鼓励自己的活动。

二、自我激励方式

(一) 树立积极信念

你对生活微笑,生活便会对你微笑。面对铁路工作的各种压力,与其抱怨,不如学会自我激励,及时调整心态。用悦纳自我的心态,从换位思考的角度对待压力。对客运服务人员来说,不妨学习一些积极的自我暗示策略。当因工作压力大而产生厌倦时,可以提示自己"与其痛苦地做事,不如快乐地做事"。从"别无选择"到"决定权掌握在我自己手里",负向情绪会向正向情绪转化,达到情绪稳定的状态。善于在平凡的客运服务工作中寻找新的乐趣,成为一个热爱生活、善待自己的人,从而摆脱职业倦怠感。

心理阅读 11-1

积极暗示

当我们对生活、工作感到无力、倦怠时,应当经常对自己进行积极的自我暗示,积极暗示的影响力超乎你的想象。

心理学家做了这样一个实验:他们来到一所学校,"认真"测定了某些孩子有远大前途。谁知几个月后,被"随意"指定为有前途的孩子竟然真的精神焕发,学习成绩明显提升。原因何在? 原来是心理学家运用自己的"权威"有意地暗示了老师,老师流露的兴奋和积极又不知不觉暗示了孩子及其父母。孩子接受了来自心理学家、老师和父母的齐声赞美、肯定和期待,他的信念、理想和价值观如同注入了"激素"一样,情绪饱满、愉快活泼,从而变得积极勤奋,对自己越发有信心。这就是信任和期待、积极暗示的心理效应。

(二)设定目标

目标激励是指设定具体的工作和事业目标,规定必须完成的时间和相应的奖惩措施,以此来激发工作的热情。正如一则寓言中所描述的,猎狗追赶兔子,按理说,猎狗抓住兔子是没有悬念的。但是,兔子奔跑是为了逃命,它全力以赴;而猎狗奔跑不过是为了获得一顿饱餐,尽力而为罢了。最终的结果是兔子摆脱了猎狗的追赶,赢了。工作中也是如此,如果一个员工仅仅把工作当成谋生的饭碗,不求有功,但求无过,而另一个员工却把工作当成自己心爱的事业来做,不仅用心,而且富有自己的创意,那么这两个员工谁会把工作做得更好些就可想而知了。

(三)寻找榜样

榜样的力量是巨大的,榜样的力量是无穷的。在战场上,如果有奋不顾身、勇往直前的士兵冲在前面,那么其他人也会在这个士兵的影响下变得英勇无畏。所以榜样是一种心理效应,人们会自发地模仿榜样。在工作中,如果我们在公司内部寻找到榜样人物,就会激励自己向榜样看齐。案例11-3中的刘博,他的成就与带他的"师傅"息息相关。他在自己的领路人榜样作用的影响下,受到启发,最终实现了自己的工作价值、人生价值。

(四)参加团队培训

在铁路运输企业里,高速铁路客运服务人员就像蓄电池,整个团队是一艘轮船,蓄电池只有经常充电,保持不断电,才能确保这艘轮船能够正常行驶。作为客运服务人员,要积极参加培训。一方面工作能力增强,必然提升自我价值感;另一方面,可以通过培训与企业其他人员交流心得,获得更多的社会支持。

心理阅读 11-2

春运在即,一些地方的铁路部门为即将到一线参与春运保障工作的干部职工请来了专业心理团队,聚焦情绪管理、减压、沟通技巧等主题。中国铁路成都局集团有限公司开设了心理课堂,现场及在线有500多名铁路领导干部参与。

这些铁路领导干部将在40天春运期间,负责保障人员与物资的运输安全。这里面大多数的铁路领导干部参与春运一线保障工作已有近10年经验,但近年来他们的工作压力越来越大:一方面,国家对于安保等要求越来越高;另一方面,民众对铁路服务质量的期待也越来越高。

春运期间,客流超大,旅客们又都是带着工作了一年急切盼望回家团圆的心情上车,这时候各种突发情况较多。例如,有些旅客会因为票务问题、乘车问题产生过激反应。而开设上述心理课程是帮助广大员工在压力下调整工作状态的新尝试,也是关怀员工身心健康的新探索。

(资料来源:中国日报网)

单元三

高速铁路客运服务人员的团队激励

职业倦怠对团队生命力、战斗力的影响不容小觑,需要大家高度重视。作为团队,应采取相应的措施来激励员工,起到力挽狂澜的作用。

一、团队激励概念

团队激励,实质上就是创造各种条件来满足团队成员的需要,从而激发团队成员的积极性和创造性,让团队成员切身感受到自己是团队中的一员,产生对团队的认同感和归属感,预防职业倦怠,最终达到双赢的效果。

二、团队激励途径

(一)重视团队沟通,提升团队人际关系

沟通是为了一个预设好的目标,在个人之间或是群体之间传递情感、思想和信息并达成共同协议的过程。沟通是从心灵上挖掘员工的内驱力,为其提供施展才华的舞台,同时拉近员工与上级之间的距离。一个团队如果没有良好的沟通、凝聚力和优秀的领导者,终将变成一盘散沙。因此,在客运服务团队管理中,重视团队沟通非常重要。同时,在沟通过程中要"用心"。

1.尊重沟通对象,平等待人

团队中,只有分工的不同,没有人格上的不对等。尊重同事,是铁路客运服务人员有效沟通的前提。

2.善用非言语信息

心理学家经过研究发现,人们在沟通时,所获得的信息7%来自说出的语言,38%来自说话的音调,55%来自沟通时的面部表情。保持微笑可以让人有一种亲近感,会对沟通起到催化作用。沟通时的语调也要随着沟通内容的变化而变化。沟通过程往往也是心理交流的过程,所以采用适当的语调可以增强感性认识,有助于达到沟通的目的。

3.换位思考

换位思考是沟通的有效策略。沟通是双向的,要想达到沟通的目的,就应该考虑沟通对象的感受,主动为对方着想,考虑对方的特点和所处的情境,提出双方可接纳的备选方案。在团队中,每个人都要有换位思考的意识,注意对不同的沟通对象要采取不同的方式。

沟通才能打开心锁

一把坚实的大锁挂在大门上,一根铁杆费了九牛二虎之力,还是无法将它撬开。钥匙来了,它瘦小的身子钻进锁孔,轻轻一转,大锁就"啪"的一声开了。铁杆奇怪地问:"为什么我费了那么大的力气也打不开,而你却轻而易举地就打开了呢?"钥匙说:"因为我最了解它的心。"

每个人的心,都像上了锁的大门,任再粗的铁杆也撬不开。唯有最了解锁头内心的那把细腻的钥匙,才能打开它。所以沟通时,一定要进入别人的内心,以心换心,这样才能打开"心锁"。

(资料来源:http://lianzai.china.com)

练一练

背靠背——提升沟通力

操作:将团队成员两两配对,然后让他们背靠背坐下。给其中一个成员一个本子和一支笔,给另一个成员一张画有图形的纸。持有图形的人在不让另外一个人看到图形的前提下指导他将图形画出来。

规则:可以使用符号和比喻来形容这个图形,但是不能运用几何术语对图形进行描述。比如,你的图形是一个套着一个圆的正方形,那么你在描述时就不能使用"圆"和"正方形"这两个词,但是可以用箱子或橘子这类可以表示形状的词来描述。

讨论:将画出的图形和原始的图形进行对比。之后,双方互换角色,画一种新的图形。最后讨论为何会得到这样的结果。

(二)营造和谐团队氛围,提高客运服务人员的归属感

(1)通过各种方式建立和谐的团队工作氛围。例如,可以建立职工之家,组织旅游或娱乐活动来增强团队的凝聚力。

(2)关心客运服务人员生活和疾苦。不仅要关心员工本人,还要关心他的家庭和亲人,营造亲情管理的氛围,给他以"家"的温暖。

(3)宣传企业奋斗目标和长远发展愿景,鼓舞员工士气。

(4)建立教育培训制度。此类培训主要是使员工对人际关系问题有更加全面的认识。主要包括:员工与员工之间的感情、交往;员工自己本身的社会关系和心理状况;员工对单位、整个组织的认同感或疏离感以及组织内单位、部门与部门之间的关系等。

(三)"以人为本"的团队管理

团队领导者要树立"以人为本"的团队管理理念,坚持正确的用人导向,

激发大家的积极性、主动性、能动性,把全体组织成员的思想与精力集中到组织事业的成功和个人价值的实现上来。同时,作为团队领导要以身作则,提高整体素质,重视团队氛围的营造,促进团队成员之间心理上的相互理解和接纳。要做到不摆架子、平易近人、和蔼可亲,与团队成员平等交往,高瞻远瞩地确定组织与个人的发展方向,为组织与个人确立前进的目标,艺术地开展工作,树立好的作风,切实远离不说实话、不干实事、不求实效的不良风气,激励、带动、影响、促进团队组织成员改进工作。

(四)增强团队凝聚力

团队凝聚力是团队成员之间为了实现工作目标而实施团结协作的程度,是衡量一个团队是否具有战斗力、是否成功的重要标志。凝聚力强的团队让员工有归属感,可以使成员关系融洽,意见统一,团结合作,相互协助、配合,顺利完成组织任务。

实践训练

团体激励活动——平地起身

1. 实训目标

(1) 理解激励团队士气会有效促进团队的成长;

(2) 掌握有效激励的方法,提高团队的凝聚力。

2. 实训内容

分别以小组、班级为单位,根据游戏规则完成团队活动内容。

操作:

(1) 每组先派出两名同学,背靠背坐在铺有坐垫的空地上。然后,这两名学生双臂相互交叉,合力使双方一同站起。

(2) 以此类推,每组每次增加一人,如果尝试失败则再来一次,直到成功才可再加人。

讨论:

(1) 在设置的情境中,仅靠一个人的力量能完成起立的动作吗?

(2) 如果参加活动的同学能够保持动作协调一致,这个任务是不是更容易完成?

(3) 是否想过更多有效激励的方法来保证队员之间动作协调一致?

要点:

(1) 在这个实训情境中,每个小组组成了一个团队,需要全力配合才可能达到目标,帮助学生体会团队相互激励的重要性,培养团队精神。

(2) 每个小组的领导者非常关键,他需要很好地指挥和调动队员。例如,他可以领导小组其他人以他为准,跟随他的动作;更有效的方法就是想出一个口号,既可以鼓舞士气又能统一大家的节奏。

(3) 无论队员还是领导者都应该明白,任何一个人的不配合都会对小组的行动产生影响。因此,在实训环节结束后,要找出完成效果不好的原因。

3. 实训考核

(1) 讨论分享心得体会:占比 50%;

(2) 团体合作状态及个人在团队中的作用:占比 50%。

思考题

1. 什么是职业倦怠?

2. 如何积极预防职业倦怠?

3. 自我激励的方式有哪些?

附录

附录一　心理评定量表

一、气质类型测试

1. 测试说明

气质是指人生来就具有的某种稳定的心理活动的动力特征,它本身无所谓好坏,任何一种气质类型都有其积极和消极的方面,气质也不能决定一个人活动的社会价值和成就。正确了解自己的气质类型,有意识地控制自己气质中的消极品质,发扬积极品质,有利于形成良好的个性。

2. 开始测试

请阅读下表的题目,然后再结合你的实际情况在问题后面做出正确的评分:很不符合的计 –2 分;比较不符合的计 –1 分;中等的计 0 分;比较符合的计 1 分;很符合自己的情况计 2 分。

序号	题目	选项
1	做事力求稳妥,不做无把握的事	1—很不符合;2—比较不符合;3—中等;4—比较符合;5—很符合
2	遇到可气的事就怒不可遏,把心里话全都说出来才痛快	1—很不符合;2—比较不符合;3—中等;4—比较符合;5—很符合
3	宁可一个人干事,也不愿很多人在一起	1—很不符合;2—比较不符合;3—中等;4—比较符合;5—很符合
4	到一个新环境很快就能适应	1—很不符合;2—比较不符合;3—中等;4—比较符合;5—很符合
5	厌恶那些强烈的刺激,如尖叫、噪声、危险镜头	1—很不符合;2—比较不符合;3—中等;4—比较符合;5—很符合
6	和人争吵时,总是先发制人,喜欢挑衅	1—很不符合;2—比较不符合;3—中等;4—比较符合;5—很符合
7	喜欢安静的环境	1—很不符合;2—比较不符合;3—中等;4—比较符合;5—很符合
8	善于和人交往	1—很不符合;2—比较不符合;3—中等;4—比较符合;5—很符合

续上表

序号	题目	选项
9	羡慕那种善于克制自己感情的人	1—很不符合;2—比较不符合;3—中等;4—比较符合;5—很符合
10	生活有规律,很少违反作息制度	1—很不符合;2—比较不符合;3—中等;4—比较符合;5—很符合
11	在多数情况下情绪是乐观的	1—很不符合;2—比较不符合;3—中等;4—比较符合;5—很符合
12	碰到陌生人觉得很拘束	1—很不符合;2—比较不符合;3—中等;4—比较符合;5—很符合
13	遇到令人气愤的事,能很好地自我控制	1—很不符合;2—比较不符合;3—中等;4—比较符合;5—很符合
14	做事总是有旺盛的精力	1—很不符合;2—比较不符合;3—中等;4—比较符合;5—很符合
15	遇到问题时常举棋不定,优柔寡断	1—很不符合;2—比较不符合;3—中等;4—比较符合;5—很符合
16	在人群中从不觉得过分拘束	1—很不符合;2—比较不符合;3—中等;4—比较符合;5—很符合
17	情绪高昂时,觉得干什么都有趣,情绪低落时,又觉得什么都没意思	1—很不符合;2—比较不符合;3—中等;4—比较符合;5—很符合
18	当注意力集中时,别的事很难使我分心	1—很不符合;2—比较不符合;3—中等;4—比较符合;5—很符合
19	理解问题总比别人快	1—很不符合;2—比较不符合;3—中等;4—比较符合;5—很符合
20	碰到危险情境时,常有一种极度恐怖感	1—很不符合;2—比较不符合;3—中等;4—比较符合;5—很符合
21	对学习、工作、事业怀有很高的热情	1—很不符合;2—比较不符合;3—中等;4—比较符合;5—很符合
22	能够长时间做枯燥、单调的工作	1—很不符合;2—比较不符合;3—中等;4—比较符合;5—很符合
23	符合兴趣的事情,干起来劲头十足,否则就不想干	1—很不符合;2—比较不符合;3—中等;4—比较符合;5—很符合
24	一点小事就能引起情绪波动	1—很不符合;2—比较不符合;3—中等;4—比较符合;5—很符合
25	讨厌做那种需要耐心、细致的工作	1—很不符合;2—比较不符合;3—中等;4—比较符合;5—很符合

续上表

序号	题目	选项
26	与人交往不卑不亢	1—很不符合;2—比较不符合;3—中等;4—比较符合;5—很符合
27	喜欢参加气氛热烈的活动	1—很不符合;2—比较不符合;3—中等;4—比较符合;5—很符合
28	爱看感情细腻、描写人物内心活动的文学作品	1—很不符合;2—比较不符合;3—中等;4—比较符合;5—很符合
29	工作、学习时间长了,常感到厌倦	1—很不符合;2—比较不符合;3—中等;4—比较符合;5—很符合
30	不喜欢长时间谈论一个问题,愿意实际动手干	1—很不符合;2—比较不符合;3—中等;4—比较符合;5—很符合
31	宁愿侃侃而谈,不愿窃窃私语	1—很不符合;2—比较不符合;3—中等;4—比较符合;5—很符合
32	别人说我总是闷闷不乐	1—很不符合;2—比较不符合;3—中等;4—比较符合;5—很符合
33	理解问题常比别人慢些	1—很不符合;2—比较不符合;3—中等;4—比较符合;5—很符合
34	疲倦时只要短暂休息一下就能精神抖擞,重新投入工作	1—很不符合;2—比较不符合;3—中等;4—比较符合;5—很符合
35	心里有话,宁愿自己想,不愿说出来	1—很不符合;2—比较不符合;3—中等;4—比较符合;5—很符合
36	认准一个目标就希望尽快实现,不达目的,誓不罢休	1—很不符合;2—比较不符合;3—中等;4—比较符合;5—很符合
37	同样和别人学习、工作一段时间后,常比别人更疲倦	1—很不符合;2—比较不符合;3—中等;4—比较符合;5—很符合
38	做事有些莽撞,常常不考虑后果	1—很不符合;2—比较不符合;3—中等;4—比较符合;5—很符合
39	老师或师傅讲授新知识、新技术时,总希望他讲慢些,多重复几遍	1—很不符合;2—比较不符合;3—中等;4—比较符合;5—很符合
40	能够很快地忘记那些不愉快的事情	1—很不符合;2—比较不符合;3—中等;4—比较符合;5—很符合
41	做作业或完成一件工作总比别人花的时间多	1—很不符合;2—比较不符合;3—中等;4—比较符合;5—很符合
42	喜欢运动量大的剧烈体育活动,或各种文艺活动	1—很不符合;2—比较不符合;3—中等;4—比较符合;5—很符合

序号	题目	选项
43	不能很好地把注意力从一件事转移到另一件事上去	1—很不符合;2—比较不符合;3—中等;4—比较符合;5—很符合
44	接受一个任务后,就希望把它迅速解决	1—很不符合;2—比较不符合;3—中等;4—比较符合;5—很符合
45	认为墨守成规比冒风险强些	1—很不符合;2—比较不符合;3—中等;4—比较符合;5—很符合
46	能够同时注意几件事务	1—很不符合;2—比较不符合;3—中等;4—比较符合;5—很符合
47	当我烦闷的时候,别人很难使我高兴起来	1—很不符合;2—比较不符合;3—中等;4—比较符合;5—很符合
48	爱看情节起伏跌宕、激动人心的小说	1—很不符合;2—比较不符合;3—中等;4—比较符合;5—很符合
49	对工作抱着认真严谨、始终一贯的态度	1—很不符合;2—比较不符合;3—中等;4—比较符合;5—很符合
50	和周围人的关系总是相处不好	1—很不符合;2—比较不符合;3—中等;4—比较符合;5—很符合
51	喜欢复习学过的知识,重复做已经掌握的工作	1—很不符合;2—比较不符合;3—中等;4—比较符合;5—很符合
52	希望做变化大、花样多的工作	1—很不符合;2—比较不符合;3—中等;4—比较符合;5—很符合
53	小时候会背的诗歌,我似乎比别人记得清楚	1—很不符合;2—比较不符合;3—中等;4—比较符合;5—很符合
54	别人说我"出语伤人",可我并不觉得	1—很不符合;2—比较不符合;3—中等;4—比较符合;5—很符合
55	在体育活动中,常因反应慢而落后	1—很不符合;2—比较不符合;3—中等;4—比较符合;5—很符合
56	反应敏捷,头脑机智	1—很不符合;2—比较不符合;3—中等;4—比较符合;5—很符合
57	喜欢有条理而不甚麻烦的工作	1—很不符合;2—比较不符合;3—中等;4—比较符合;5—很符合
58	兴奋的事常常使我失眠	1—很不符合;2—比较不符合;3—中等;4—比较符合;5—很符合
59	老师讲新概念,常常听不懂,但是懂了以后就很难忘记	1—很不符合;2—比较不符合;3—中等;4—比较符合;5—很符合

续上表

序号	题目	选项
60	假如工作枯燥,马上就会情绪低落	1—很不符合;2—比较不符合;3—中等;4—比较符合;5—很符合

3. 测试计分

(1) 先将每题的得分填入相应的"得分"括号内;

(2) 计算每种气质类型的总得分数。

<table>
<tr><td rowspan="2">胆汁质</td><td>题号</td><td>2</td><td>6</td><td>9</td><td>14</td><td>17</td><td>21</td><td>27</td><td>31</td><td>36</td><td>38</td><td>42</td><td>48</td><td>50</td><td>54</td><td>58</td><td>总分</td></tr>
<tr><td>得分</td><td></td><td></td><td></td><td></td><td></td><td></td><td></td><td></td><td></td><td></td><td></td><td></td><td></td><td></td><td></td><td></td></tr>
<tr><td rowspan="2">多血质</td><td>题号</td><td>4</td><td>8</td><td>11</td><td>16</td><td>19</td><td>23</td><td>25</td><td>29</td><td>34</td><td>40</td><td>44</td><td>46</td><td>52</td><td>56</td><td>60</td><td>总分</td></tr>
<tr><td>得分</td><td></td><td></td><td></td><td></td><td></td><td></td><td></td><td></td><td></td><td></td><td></td><td></td><td></td><td></td><td></td><td></td></tr>
<tr><td rowspan="2">黏液质</td><td>题号</td><td>1</td><td>7</td><td>10</td><td>13</td><td>18</td><td>22</td><td>26</td><td>30</td><td>33</td><td>39</td><td>43</td><td>45</td><td>49</td><td>55</td><td>57</td><td>总分</td></tr>
<tr><td>得分</td><td></td><td></td><td></td><td></td><td></td><td></td><td></td><td></td><td></td><td></td><td></td><td></td><td></td><td></td><td></td><td></td></tr>
<tr><td rowspan="2">抑郁质</td><td>题号</td><td>3</td><td>5</td><td>12</td><td>15</td><td>20</td><td>24</td><td>28</td><td>32</td><td>35</td><td>37</td><td>41</td><td>47</td><td>51</td><td>53</td><td>59</td><td>总分</td></tr>
<tr><td>得分</td><td></td><td></td><td></td><td></td><td></td><td></td><td></td><td></td><td></td><td></td><td></td><td></td><td></td><td></td><td></td><td></td></tr>
</table>

4. 气质类型的确定

(1) 如果某类气质得分明显高出其他三种,且高出 4 分以上,则可定为该类气质。此外,如果该类气质得分超过 20 分,则为典型;如果该类得分在 10 ~ 20 分,则为一般型。

(2) 如果两种气质类型得分接近,其差异低于 3 分而且又明显高于其他两种,高出 4 分以上,则可定为这两种气质的混合型。

(3) 如果三种气质得分均高于第四种,而且接近,则为三种气质的混合型,如多血质-胆汁质-黏液质混合型或黏液质-多血质-抑郁质混合型。

二、焦虑自评量表——SAS

1. 测试说明

焦虑自评量表是临床常用的用于测量焦虑情绪严重程度的量表,可以评出测试者焦虑的主观感受。评定的时间范围是"现在或过去一周"。

采用四级评分,其标准为:"1"很少,"2"有时,"3"经常,"4"总是。

2. 开始测试

下面有 20 条文字,请仔细阅读每一条,把意思弄明白,然后按照自己最近一周以来的实际情况进行选择,在相应的选项上画"√"。

序号	题目(括号中为症状名称部分)	选项
1	我觉得比平常容易紧张和着急(焦虑)	1—很少;2—有时;3—经常;4—总是
2	我无缘无故地感到害怕(害怕)	1—很少;2—有时;3—经常;4—总是
3	我容易心里烦乱或觉得惊恐(惊恐)	1—很少;2—有时;3—经常;4—总是
4	我觉得我可能要发疯(发疯感)	1—很少;2—有时;3—经常;4—总是
5	我觉得一切都很好,也不会发生什么不幸(不幸预感)	1—很少;2—有时;3—经常;4—总是
6	我手脚发抖打颤(手足颤抖)	1—很少;2—有时;3—经常;4—总是
7	我因为头痛、颈痛和背痛而苦恼(躯体疼痛)	1—很少;2—有时;3—经常;4—总是
8	我感觉容易衰弱和疲乏(乏力)	1—很少;2—有时;3—经常;4—总是
9	我觉得心平气和,并且容易安静地坐着(静坐不动)	1—很少;2—有时;3—经常;4—总是
10	我觉得心跳得很快(心悸)	1—很少;2—有时;3—经常;4—总是
11	我因为一阵阵头晕而苦恼(头昏)	1—很少;2—有时;3—经常;4—总是
12	我有晕倒发作,或觉得要晕倒似的(昏厥感)	1—很少;2—有时;3—经常;4—总是
13	我吸气、呼气都感到很容易(呼吸困难)	1—很少;2—有时;3—经常;4—总是
14	我手脚麻木和刺痛(手足刺痛)	1—很少;2—有时;3—经常;4—总是
15	我因为胃痛和消化不良而苦恼(胃痛或消化不良)	1—很少;2—有时;3—经常;4—总是
16	我常常要小便(尿意频数)	1—很少;2—有时;3—经常;4—总是
17	我的手常常是干燥温暖的(多汗)	1—很少;2—有时;3—经常;4—总是
18	我脸红发热(面部潮红)	1—很少;2—有时;3—经常;4—总是
19	我容易入睡并且睡得很好(睡眠障碍)	1—很少;2—有时;3—经常;4—总是
20	我做噩梦(噩梦)	1—很少;2—有时;3—经常;4—总是
	总分	
	标准分 = 总分×1.25	

3.测试计分

(1)计分方法:第5、9、13、17、19题,1 = 4 分,2 = 3 分,3 = 2 分,4 = 1 分。其余题目 1 = 1分,2 = 2 分,3 = 3 分,4 = 4 分。所有题目得分相加得总分,总分乘以 1.25 得到标准分。

(2)分数说明:焦虑评定的分界值为 50 分,分数越高焦虑倾向越明显。49 分以下为正常,50 ~ 59 分为轻度焦虑,60 ~ 69 分为中度焦虑,69 分以上是重度焦虑。通常来讲,重度焦虑就应该去看心理医生,寻求专业的心理帮助和治疗。

三、抑郁自评量表——SDS

1.测试说明

抑郁自评量表用于衡量抑郁状态的轻重程度及其在治疗中的变化。由 20 个陈述句和相应问题条目组成,每个条目按 1 ~ 4 级评分。20 个条目中有 10 项(2、5、6、11、12、14、16、17、18、20)是用正性词陈述的,按反序计分,其余 10 项是用负性词陈述的,按顺序计分。四级评分标准为:"1"很少,"2"有时,"3"经常,"4"总是。

2. 开始测试

下面有20条文字,请仔细阅读每一条,把意思弄明白,然后按照自己最近一周以来的实际情况进行选择,在相应的选项上画"√"。

序号	题目(括号中为症状名称部分)	选项
1	我觉得闷闷不乐,情绪低沉(忧郁)	1—很少;2—有时;3—经常;4—总是
2	我觉得一天中早晨最好(晨重夜轻)	1—很少;2—有时;3—经常;4—总是
3	一阵阵哭出来或觉得想哭(易哭)	1—很少;2—有时;3—经常;4—总是
4	我晚上睡眠不好(睡眠障碍)	1—很少;2—有时;3—经常;4—总是
5	我吃得跟平常一样多(食欲减退)	1—很少;2—有时;3—经常;4—总是
6	我与异性密切接触时和以往一样感到愉快(性兴趣减退)	1—很少;2—有时;3—经常;4—总是
7	我发觉我的体重在下降(体重减轻)	1—很少;2—有时;3—经常;4—总是
8	我有便秘的苦恼(便秘)	1—很少;2—有时;3—经常;4—总是
9	心跳比平常快(心悸)	1—很少;2—有时;3—经常;4—总是
10	我无缘无故地感到疲乏(易倦)	1—很少;2—有时;3—经常;4—总是
11	我的头脑和平常一样清楚(思考困难)	1—很少;2—有时;3—经常;4—总是
12	我觉得经常做的事情并没有困难(能力减退)	1—很少;2—有时;3—经常;4—总是
13	我觉得不安而平静不下来(不安)	1—很少;2—有时;3—经常;4—总是
14	我对未来抱有希望(绝望)	1—很少;2—有时;3—经常;4—总是
15	我比平常容易生气、激动(易激惹)	1—很少;2—有时;3—经常;4—总是
16	我觉得作出决定是容易的(决断困难)	1—很少;2—有时;3—经常;4—总是
17	我觉得自己是个有用的人,有人需要我(无用感)	1—很少;2—有时;3—经常;4—总是
18	我的生活过得很有意思(生活空虚感)	1—很少;2—有时;3—经常;4—总是
19	我认为如果我死了,别人会生活得更好(无价值感)	1—很少;2—有时;3—经常;4—总是
20	平常感兴趣的事我仍然感兴趣(兴趣丧失)	1—很少;2—有时;3—经常;4—总是
总分		
标准分 = 总分×1.25		

3. 测试计分

第2、5、6、11、12、14、16、17、18、20题,1 = 4分,2 = 3分,3 = 2分,4 = 1分。其余题目1 = 1分,2 = 2分,3 = 3分,4 = 4分。所有题目得分相加得总分,总分乘以1.25得到标准分。

4. 结果解释

SDS总分的正常上限为41分,分值越低状态越好。标准分为总分乘以1.25后所得的整数部分。按照中国常模结果,以SDS标准分≥50为有抑郁症状。SDS标准分的分界值为53

分,其中 53~62 分为轻度抑郁,63~72 分为中度抑郁,73 分以上为重度抑郁。

抑郁严重度 = 各条目累计分/80。结果:0.5 以下者为无抑郁,0.5~0.59 为轻微至轻度抑郁,0.6~0.69 为中度抑郁,0.7 以上为重度抑郁。仅供参考。

四、社会支持量表

1. 测试说明

社会支持具体指来自社会各方面的包括家庭、亲属、朋友、同事、伙伴、党团、工会等组织所给予个体的精神上和物质上的帮助支援,反映了一个人与社会联系的密切程度和质量。

适宜人群:18 岁以上成年人。用于测试你的社会支持程度。原作者通过因素分析将领悟社会支持量表(PSSS)条目分为家庭支持、朋友支持和其他支持三类。

2. 开始测试

以下有 12 个句子,每一个句子后面有 7 个答案。请根据自己的实际情况在每句后面选择一个答案。例如,选择"1"表示极不同意,即说明实际情况与这一句子极不相符;选择"7"表示极同意,即说明实际情况与这一句子极相符;选择"4"表示中间状态。其余类推。

序号	题目	选项
1	在我遇到问题时,有些人(领导、亲戚、同学)会出现在我身旁	1—极不同意;2—很不同意;3—稍不同意;4—中立;5—稍同意;6—很同意;7—极同意
2	我能够与有些人(领导、亲戚、同学)共享快乐和忧伤	1—极不同意;2—很不同意;3—稍不同意;4—中立;5—稍同意;6—很同意;7—极同意
3	我的家庭能够切实具体地给我帮助	1—极不同意;2—很不同意;3—稍不同意;4—中立;5—稍同意;6—很同意;7—极同意
4	在需要时,我能够从家庭获得感情上的帮助和支持	1—极不同意;2—很不同意;3—稍不同意;4—中立;5—稍同意;6—很同意;7—极同意
5	当我有困难时,有些人(领导、亲戚、同学)是安慰我的真正源泉	1—极不同意;2—很不同意;3—稍不同意;4—中立;5—稍同意;6—很同意;7—极同意
6	我的朋友能真正地帮助我	1—极不同意;2—很不同意;3—稍不同意;4—中立;5—稍同意;6—很同意;7—极同意
7	在发生困难时,我可以依靠我的朋友们	1—极不同意;2—很不同意;3—稍不同意;4—中立;5—稍同意;6—很同意;7—极同意
8	我能与自己的家庭谈论我的难题	1—极不同意;2—很不同意;3—稍不同意;4—中立;5—稍同意;6—很同意;7—极同意
9	我的朋友们能与我分享快乐和忧伤	1—极不同意;2—很不同意;3—稍不同意;4—中立;5—稍同意;6—很同意;7—极同意

续上表

序号	题目	选项
10	在我的生活中,有些人(领导、亲戚、同学)关心着我的感情	1—极不同意;2—很不同意;3—稍不同意;4—中立;5—稍同意;6—很同意;7—极同意
11	我的家庭能心甘情愿协助我作出各种决定	1—极不同意;2—很不同意;3—稍不同意;4—中立;5—稍同意;6—很同意;7—极同意
12	我能与朋友们讨论自己的难题	1—极不同意;2—很不同意;3—稍不同意;4—中立;5—稍同意;6—很同意;7—极同意
总分		

3. 测试计分

计分方法:选"1"得 1 分,选"7"得 7 分,其余类推。

总分为 12~36 分为低支持状态;

总分为 37~60 分为中间支持状态;

总分为 61~84 分为高支持状态。

总分越高,说明个体的社会支持越高。

五、SCL-90 症状自评量表

1. 测试说明

症状自评量表(Self-reporting Inventory)共有 90 个项目,采用 10 个因子分别反映 10 个方面的心理症状情况。目的是从感觉、情感、思维、意识、行为直到生活习惯、人际关系、饮食睡眠等多种角度,评定一个人是否具有某种心理症状及其严重程度如何。评定的时间是"现在"或者是"最近一个星期"的实际感觉。

本测验共 90 个自我评定项目。测验的 9 个因子分别为:躯体化、强迫症状、人际关系敏感、抑郁、焦虑、敌对、恐怖、偏执及精神病性。

它的每一个项目均采取 5 级评分制,具体说明如下。

0—没有:自觉并无该项问题(症状);

1—很轻:自觉有该问题,但发生得并不频繁、严重;

2—中等:自觉有该项症状,其严重程度为轻到中度;

3—偏重:自觉常有该项症状,其程度为中度到严重;

4—严重:自觉该症状的频度和强度都十分严重。

2. 开始测试

以下表格中列出了一些有可能会出现的问题,请仔细阅读每一条,然后根据最近一个星期内下述情况影响您的实际感觉,在答题卡上选择符合的选项。结果无正误、好坏之分,心理健康教育中心的老师将严格遵守职业道德,为您保密。

序号	题目	选项
1	头痛	0—没有;1—很轻;2—中等;3—偏重;4—严重
2	神经过敏,心中不踏实	0—没有;1—很轻;2—中等;3—偏重;4—严重
3	头脑中有不必要的想法或字句盘旋	0—没有;1—很轻;2—中等;3—偏重;4—严重
4	头晕或晕倒	0—没有;1—很轻;2—中等;3—偏重;4—严重
5	对异性的兴趣减退	0—没有;1—很轻;2—中等;3—偏重;4—严重
6	对旁人求全责备	0—没有;1—很轻;2—中等;3—偏重;4—严重
7	感到别人能控制您的思想	0—没有;1—很轻;2—中等;3—偏重;4—严重
8	责怪别人制造麻烦	0—没有;1—很轻;2—中等;3—偏重;4—严重
9	忘性大	0—没有;1—很轻;2—中等;3—偏重;4—严重
10	担心自己的衣饰整齐及仪态的端正	0—没有;1—很轻;2—中等;3—偏重;4—严重
11	容易烦恼和激动	0—没有;1—很轻;2—中等;3—偏重;4—严重
12	胸痛	0—没有;1—很轻;2—中等;3—偏重;4—严重
13	害怕空旷的场所或街道	0—没有;1—很轻;2—中等;3—偏重;4—严重
14	感到自己的精力下降,活动减慢	0—没有;1—很轻;2—中等;3—偏重;4—严重
15	想结束自己的生命	0—没有;1—很轻;2—中等;3—偏重;4—严重
16	听到旁人听不到的声音	0—没有;1—很轻;2—中等;3—偏重;4—严重
17	发抖	0—没有;1—很轻;2—中等;3—偏重;4—严重
18	感到大多数人都不可信任	0—没有;1—很轻;2—中等;3—偏重;4—严重
19	胃口不好	0—没有;1—很轻;2—中等;3—偏重;4—严重
20	容易哭泣	0—没有;1—很轻;2—中等;3—偏重;4—严重
21	同异性相处时感到害羞不自在	0—没有;1—很轻;2—中等;3—偏重;4—严重
22	感到受骗,中了圈套或有人想抓住您	0—没有;1—很轻;2—中等;3—偏重;4—严重
23	无缘无故地突然感到害怕	0—没有;1—很轻;2—中等;3—偏重;4—严重
24	自己不能控制地大发脾气	0—没有;1—很轻;2—中等;3—偏重;4—严重
25	怕单独出门	0—没有;1—很轻;2—中等;3—偏重;4—严重
26	经常责怪自己	0—没有;1—很轻;2—中等;3—偏重;4—严重
27	腰痛	0—没有;1—很轻;2—中等;3—偏重;4—严重
28	感到难以完成任务	0—没有;1—很轻;2—中等;3—偏重;4—严重
29	感到孤独	0—没有;1—很轻;2—中等;3—偏重;4—严重
30	感到苦闷	0—没有;1—很轻;2—中等;3—偏重;4—严重
31	过分担忧	0—没有;1—很轻;2—中等;3—偏重;4—严重
32	对事物不感兴趣	0—没有;1—很轻;2—中等;3—偏重;4—严重
33	感到害怕	0—没有;1—很轻;2—中等;3—偏重;4—严重

序号	题目	选项
34	您的感情容易受到伤害	0—没有;1—很轻;2—中等;3—偏重;4—严重
35	旁人能知道您的私下想法	0—没有;1—很轻;2—中等;3—偏重;4—严重
36	感到别人不理解您、不同情您	0—没有;1—很轻;2—中等;3—偏重;4—严重
37	感到人们对您不友好、不喜欢您	0—没有;1—很轻;2—中等;3—偏重;4—严重
38	做事必须做得很慢,以保证做得正确	0—没有;1—很轻;2—中等;3—偏重;4—严重
39	心跳得很厉害	0—没有;1—很轻;2—中等;3—偏重;4—严重
40	恶心或胃部不舒服	0—没有;1—很轻;2—中等;3—偏重;4—严重
41	感到比不上他人	0—没有;1—很轻;2—中等;3—偏重;4—严重
42	肌肉酸痛	0—没有;1—很轻;2—中等;3—偏重;4—严重
43	感到有人在监视您、谈论您	0—没有;1—很轻;2—中等;3—偏重;4—严重
44	难以入睡	0—没有;1—很轻;2—中等;3—偏重;4—严重
45	做事必须反复检查	0—没有;1—很轻;2—中等;3—偏重;4—严重
46	难以做出决定	0—没有;1—很轻;2—中等;3—偏重;4—严重
47	怕乘电车、公共汽车、地铁或火车	0—没有;1—很轻;2—中等;3—偏重;4—严重
48	呼吸有困难	0—没有;1—很轻;2—中等;3—偏重;4—严重
49	一阵阵发冷或发热	0—没有;1—很轻;2—中等;3—偏重;4—严重
50	因为感到害怕而避开某些东西、场合或活动	0—没有;1—很轻;2—中等;3—偏重;4—严重
51	脑子变空了	0—没有;1—很轻;2—中等;3—偏重;4—严重
52	身体发麻或刺痛	0—没有;1—很轻;2—中等;3—偏重;4—严重
53	喉咙有梗塞感	0—没有;1—很轻;2—中等;3—偏重;4—严重
54	感到前途没有希望	0—没有;1—很轻;2—中等;3—偏重;4—严重
55	不能集中注意力	0—没有;1—很轻;2—中等;3—偏重;4—严重
56	感到身体的某一部分软弱无力	0—没有;1—很轻;2—中等;3—偏重;4—严重
57	感到紧张或容易紧张	0—没有;1—很轻;2—中等;3—偏重;4—严重
58	感到手或脚发重	0—没有;1—很轻;2—中等;3—偏重;4—严重
59	想到死亡的事	0—没有;1—很轻;2—中等;3—偏重;4—严重
60	吃得太多	0—没有;1—很轻;2—中等;3—偏重;4—严重
61	当别人看着您或谈论您时感到不自在	0—没有;1—很轻;2—中等;3—偏重;4—严重
62	有一些不属于您自己的想法	0—没有;1—很轻;2—中等;3—偏重;4—严重
63	有想打人或伤害他人的冲动	0—没有;1—很轻;2—中等;3—偏重;4—严重
64	醒得太早	0—没有;1—很轻;2—中等;3—偏重;4—严重
65	必须反复洗手、点数	0—没有;1—很轻;2—中等;3—偏重;4—严重
66	睡得不稳不深	0—没有;1—很轻;2—中等;3—偏重;4—严重

续上表

序号	题目	选项
67	有想摔坏或破坏东西的想法	0—没有;1—很轻;2—中等;3—偏重;4—严重
68	有一些别人没有的想法	0—没有;1—很轻;2—中等;3—偏重;4—严重
69	感到对别人神经过敏	0—没有;1—很轻;2—中等;3—偏重;4—严重
70	在商店或电影院等人多的地方感到不自在	0—没有;1—很轻;2—中等;3—偏重;4—严重
71	感到任何事情都很困难	0—没有;1—很轻;2—中等;3—偏重;4—严重
72	一阵阵恐惧或惊恐	0—没有;1—很轻;2—中等;3—偏重;4—严重
73	感到在公共场合吃东西很不舒服	0—没有;1—很轻;2—中等;3—偏重;4—严重
74	经常与人争论	0—没有;1—很轻;2—中等;3—偏重;4—严重
75	单独一人时神经很紧张	0—没有;1—很轻;2—中等;3—偏重;4—严重
76	感到别人对您的成绩没有作出恰当的评价	0—没有;1—很轻;2—中等;3—偏重;4—严重
77	即使和别人在一起也感到孤单	0—没有;1—很轻;2—中等;3—偏重;4—严重
78	感到坐立不安,心神不定	0—没有;1—很轻;2—中等;3—偏重;4—严重
79	感到自己没有什么价值	0—没有;1—很轻;2—中等;3—偏重;4—严重
80	感到熟悉的东西变成陌生的或不像是真的	0—没有;1—很轻;2—中等;3—偏重;4—严重
81	大叫或摔东西	0—没有;1—很轻;2—中等;3—偏重;4—严重
82	害怕会在公共场合晕倒	0—没有;1—很轻;2—中等;3—偏重;4—严重
83	感到别人想占您的便宜	0—没有;1—很轻;2—中等;3—偏重;4—严重
84	为一些有关性的想法而很苦恼	0—没有;1—很轻;2—中等;3—偏重;4—严重
85	您认为应该因为自己的过错而受到惩罚	0—没有;1—很轻;2—中等;3—偏重;4—严重
86	感到要很快把事情做完	0—没有;1—很轻;2—中等;3—偏重;4—严重
87	感到自己的身体有严重问题	0—没有;1—很轻;2—中等;3—偏重;4—严重
88	从未感到和其他人很亲近	0—没有;1—很轻;2—中等;3—偏重;4—严重
89	感到自己有罪	0—没有;1—很轻;2—中等;3—偏重;4—严重
90	感到自己的脑子有毛病	0—没有;1—很轻;2—中等;3—偏重;4—严重

3. 测试计分

总分超过 160 分或阳性项目数超过 43 项,或任一因子分超过 2 分。就可以考虑筛选阳性。

(1)总分:90 个项目得分之和。

(2)总症状指数(总均分):总分除以 90。

总症状指数的分数为 0 ~ 0.5,表明被试自我感觉没有量表中所列的症状;为 0.5 ~ 1.5,表明被试感觉有点症状,但发生得并不频繁;为 1.5 ~ 2.5,表明被试感觉有症状,其严重程度为轻到中度;为 2.5 ~ 3.5,表明被试感觉有症状,其程度为中到严重;为 3.5 ~ 4,表明被试感觉有感觉且症状的频度和强度都十分严重。

(3)阳性项目数:是指被评为 1~4 分的项目数分别是多少,它表示被试在多少项目中感到"有症状"。

阳性症状均分(总分除以阳性项目数):是指个体自我感觉不佳的项目的程度究竟处于哪个水平。

(4)因子分:SCL-90 包括 9 个因子,每一个因子反映出个体某方面的症状情况,通过因子分可了解症状分布特点。当个体在某一因子的得分大于 2 时,即超出正常均分,则个体在该方面就很可能有心理健康方面的问题。

①躯体化,包括 1、4、12、27、40、42、48、49、52、53、56、58,共 12 项。

躯体化主要反映身体不适感,包括心血管、胃肠道、呼吸和其他系统的不适和头痛、背痛、肌肉酸痛,以及焦虑等。

该分量表的得分为 0~48 分。得分在 24 分以上,表明个体在身体上有较明显的不适感,并常伴有头痛、肌肉酸痛等症状。得分在 12 分以下,躯体症状表现不明显。总的说来,得分越高,躯体的不适感越强;得分越低,症状体验越不明显。

②强迫症状,包括 3、9、10、28、38、45、46、51、55、65,共 10 项。

强迫症状主要指那些明知没有必要,但又无法摆脱的无意义的思想、冲动和行为,一些比较一般的认知障碍的行为征象也在这一因子中反映。

该分量表的得分为 0~40 分。得分在 20 分以上,强迫症状较明显。得分在 10 分以下,强迫症状不明显。总的说来,得分越高,表明个体越无法摆脱一些无意义的行为、思想和冲动,并可能表现出一些认知障碍的行为征兆。得分越低,表明个体在此种症状上表现越不明显,没有出现强迫行为。

③人际关系敏感,包括 6、21、34、36、37、41、61、69、73,共 9 项。

人际关系敏感主要是指某些人际的不自在与自卑感,特别是与其他人相比较时更加突出。在人际交往中的自卑感,心神不安,明显的不自在,以及人际交流中的不良自我暗示,消极的期待等是这方面症状的典型原因。

该分量表的得分为 0~36 分。得分在 18 分以上,表明个体人际关系较为敏感,人际交往中自卑感较强,并伴有行为症状(如坐立不安、退缩等)。得分在 9 分以下,表明个体在人际关系上较为正常。总的说来,得分越高,个体在人际交往中表现出的问题就越多,自卑、自我中心越突出,并且已表现出消极的期待。得分越低,个体在人际关系上越能应付自如,人际交流自信、胸有成竹,并抱有积极的期待。

④抑郁,包括 5、14、15、20、22、26、29、30、31、32、54、71、79,共 13 项。

苦闷的情感与心境为其代表性症状,还以生活兴趣的减退、动力缺乏、活力丧失等为特征。还表现出失望、悲观以及与抑郁相联系的认知和躯体方面的感受,另外,还包括有关死亡的思想和自杀观念。

该分量表的得分为 0~52 分。得分在 26 分以上,表明个体的抑郁程度较强,生活缺乏足够的兴趣,缺乏运动活力,极端情况下,可能会有想死亡的思想和自杀的想法。得分在 13 分以下,表明个体抑郁程度较弱,生活态度乐观积极,充满活力,心情愉快。总的说来,得分越高,抑郁程度越明显;得分越低,抑郁程度越不明显。

⑤焦虑,包括 2、17、23、33、39、57、72、78、80、86,共 10 项。

焦虑一般指那些烦躁、坐立不安、神经过敏、紧张以及由此产生的躯体征象,如震颤等。

该分量表的得分为 0~40 分。得分在 20 分以上,表明个体较易焦虑,易表现出烦躁、不安静和神经过敏,极端时可能导致惊恐发作。得分在 10 分以下,表明个体不易焦虑,易表现出安定的状态。总的说来,得分越高,焦虑表现越明显。得分越低,越不会导致焦虑。

⑥敌对,包括 11、24、63、67、74、81,共 6 项。

主要从三方面来反映敌对的表现:思想、感情及行为。其项目包括厌烦的感觉、摔物、争论直到不可控制的脾气爆发等各方面。

该分量表的得分为 0~24 分。得分在 12 分以上,表明个体易表现出敌对的思想、情感和行为。得分在 6 分以下,表明个体容易表现出友好的思想、情感和行为。总的说来,得分越高,个体越容易敌对,好争论,脾气难以控制。得分越低,个体的脾气越温和,待人友好,不喜欢争论、无破坏行为。

⑦恐怖,包括 13、25、47、50、70、75、82,共 7 项。

恐惧的对象包括出门旅行、空旷场地、人群或公共场所和交通工具。此外,还有社交恐怖。

该分量表的得分为 0~28 分。得分在 14 分以上,表明个体恐怖症状较为明显,常表现出社交、广场和人群恐惧,得分在 7 分以下,表明个体的恐怖症状不明显。总的说来,得分越高,个体越容易对一些场所和物体发生恐惧,并伴有明显的躯体症状。得分越低,个体越不易产生恐怖心理,越能正常地交往和活动。

⑧偏执,包括 8、18、43、68、76、83,共 6 项。

偏执主要指投射性思维、敌对、猜疑、妄想、被动体验和夸大等。

该分量表的得分为 0~24 分。得分在 12 分以上,表明个体的偏执症状明显,较易猜疑和敌对,得分在 6 分以下,表明个体的偏执症状不明显。总的说来,得分越高,个体越易偏执,表现出投射性的思维和妄想,得分越低,个体思维越不易走极端。

⑨精神病性,包括 7、16、35、62、77、84、85、87、88、90,共 10 项。

反映各式各样的急性症状和行为,即限定不严的精神病性过程的症状表现。

该分量表的得分为 0~40 分。得分在 20 分以上,表明个体的精神病性症状较为明显,得分在 10 分以下,表明个体的精神病性症状不明显。总的说来,得分越高,越多地表现出精神病性症状和行为。得分越低,就越少表现出这些症状和行为。

⑩其他项目,包括 19、44、59、60、64、66、89,共 7 项。

作为附加项目或其他,作为第 10 个因子来处理,以便使各因子分之和等于总分。

六、自我和谐量表(SCCS)测试

1. 测试说明

自我和谐量表(SCCS)依据人格理论中自我和谐概念的 7 个维度(情感及其个人意义、体验、不和谐、自我交流、经验的组成、与问题的关系、关系的方式)设计,由治疗者的主观评定变为病人的自我报告。经因素分析得到三个分量表:"自我与经验的不和谐""自我的灵活性"及"自我的刻板性"。自我和谐是对症状的原因进行评价,量表既可以作为评估心理健康状况的一般工具,也可以用于心理治疗研究和实践的疗效评估。

2. 开始测试

下面是一些个人对自己看法的陈述,填答时,请您看清每句话的意思,然后圈选一个数字以代表该句话与您现在对自己的看法相符合的程度,每个人对自己的看法都有其独特性,因此答案是没有对错的,您只要如实回答就可以了。

评分标准:完全不符合计 1 分,比较不符合计 2 分,不确定计 3 分,比较符合计 4 分,完全符合计 5 分。

序号	题目	选项
1	我周围的人往往觉得我对自己的看法有些矛盾	1—完全不符合;2—比较不符合;3—不确定;4—比较符合;5—完全符合
2	有时我会对自己在某方面的表现不满意	1—完全不符合;2—比较不符合;3—不确定;4—比较符合;5—完全符合
3	每当遇到困难,我总是首先分析造成困难的原因	1—完全不符合;2—比较不符合;3—不确定;4—比较符合;5—完全符合
4	我很难恰当地表达我对别人的情感反应	1—完全不符合;2—比较不符合;3—不确定;4—比较符合;5—完全符合
5	我对很多事情都有自己的观点,但我并不要求别人也与我一样	1—完全不符合;2—比较不符合;3—不确定;4—比较符合;5—完全符合
6	我一旦形成对事物的看法,就不会再改变	1—完全不符合;2—比较不符合;3—不确定;4—比较符合;5—完全符合
7	我经常对自己的行为不满意	1—完全不符合;2—比较不符合;3—不确定;4—比较符合;5—完全符合
8	尽管有时得做一些不愿意的事,但我基本上是按自己的意愿办事的	1—完全不符合;2—比较不符合;3—不确定;4—比较符合;5—完全符合
9	一件事好就是好,不好就是不好,没有什么可含糊的	1—完全不符合;2—比较不符合;3—不确定;4—比较符合;5—完全符合
10	如果我在某件事上不顺利,我就往往会怀疑自己的能力	1—完全不符合;2—比较不符合;3—不确定;4—比较符合;5—完全符合
11	我至少有几个知心朋友	1—完全不符合;2—比较不符合;3—不确定;4—比较符合;5—完全符合
12	我觉得我所做的很多事情都是不该做的	1—完全不符合;2—比较不符合;3—不确定;4—比较符合;5—完全符合
13	不论别人怎么说,我的观点绝不改变	1—完全不符合;2—比较不符合;3—不确定;4—比较符合;5—完全符合

序号	题目	选项
14	别人常常会误解我对他们的好意	1—完全不符合;2—比较不符合;3—不确定;4—比较符合;5—完全符合
15	很多情况下我不得不对自己的能力表示怀疑	1—完全不符合;2—比较不符合;3—不确定;4—比较符合;5—完全符合
16	我朋友中有些是与我截然不同的人,但这并不影响我们的关系	1—完全不符合;2—比较不符合;3—不确定;4—比较符合;5—完全符合
17	与朋友交往过多容易暴露自己的隐私	1—完全不符合;2—比较不符合;3—不确定;4—比较符合;5—完全符合
18	我很了解自己对周围人的情感	1—完全不符合;2—比较不符合;3—不确定;4—比较符合;5—完全符合
19	我觉得自己目前的处境与我的要求相距太远	1—完全不符合;2—比较不符合;3—不确定;4—比较符合;5—完全符合
20	我很少去想自己所做的事是否应该	1—完全不符合;2—比较不符合;3—不确定;4—比较符合;5—完全符合
21	我所遇到的很多问题都无法自己解决	1—完全不符合;2—比较不符合;3—不确定;4—比较符合;5—完全符合
22	我很清楚自己是什么样的人	1—完全不符合;2—比较不符合;3—不确定;4—比较符合;5—完全符合
23	我能很自如地表达我所要表达的意思	1—完全不符合;2—比较不符合;3—不确定;4—比较符合;5—完全符合
24	如果有足够的证据,我也可以改变自己的观点	1—完全不符合;2—比较不符合;3—不确定;4—比较符合;5—完全符合
25	我很少考虑自己是一个什么样的人	1—完全不符合;2—比较不符合;3—不确定;4—比较符合;5—完全符合
26	把心里话告诉别人不仅得不到帮助,还可能招致麻烦	1—完全不符合;2—比较不符合;3—不确定;4—比较符合;5—完全符合
27	在遇到问题时,我总觉得别人都离我很远	1—完全不符合;2—比较不符合;3—不确定;4—比较符合;5—完全符合
28	我觉得很难发挥出自己应有的水平	1—完全不符合;2—比较不符合;3—不确定;4—比较符合;5—完全符合
29	我很担心自己的所作所为会引起别人的误解	1—完全不符合;2—比较不符合;3—不确定;4—比较符合;5—完全符合

续上表

序号	题目	选项
30	如果我发现自己某些方面表现不佳,总希望尽快弥补	1—完全不符合;2—比较不符合;3—不确定;4—比较符合;5—完全符合
31	每个人都在忙自己的事,很难与他们沟通	1—完全不符合;2—比较不符合;3—不确定;4—比较符合;5—完全符合
32	我认为能力再强的人也可能遇上难题	1—完全不符合;2—比较不符合;3—不确定;4—比较符合;5—完全符合
33	我经常感到自己是孤独无援的	1—完全不符合;2—比较不符合;3—不确定;4—比较符合;5—完全符合
34	一旦遇到麻烦,无论怎样做都无济于事	1—完全不符合;2—比较不符合;3—不确定;4—比较符合;5—完全符合
35	我总能清楚地了解自己的感受	1—完全不符合;2—比较不符合;3—不确定;4—比较符合;5—完全符合

3.测试计分

各分量表的得分为其所包含的项目得分直接相加。

三个分量表包含的项目及题号见下表。

项目	包含题目	大学生常模	自测分数
自我与经验的不和谐	1、4、7、10、12、14、15、17、19、21、23、27、28、29、31、33,共16项	46.13 ± 10.01	
自我的灵活性	2、3、5、8、11、16、18、22、24、30、32、35,共12项	45.44 ± 7.44	
自我的刻板性	6、9、13、20、25、26、34,共7项	18.12 ± 5.09	

"自我与经验的不和谐"反映的是自我与经验之间的关系,包含对能力和情感的自我评价、自我一致性、无助感等,它所产生的症状更多地反映了对经验的不合理期望。高于50(± 1.25SD)为高分组。

"自我的灵活性"与敌对与恐怖的相关显著,可以预示自我概念的刻板和僵化。高于55(1.19SD)为高分组。

"自我的刻板性"不仅同质性信度较低,而且与偏执有显著相关,使用仍然在探索中。高于23(1.22SD)为高分组。

此外还可以计算总分,方法是将"自我的灵活性"反向计分,再与其他两个分量表得分相加。得分越高,自我和谐程度越高,大学生中,低于74分为低分组,75~102分为中间组,103分以上为高分组。

附录二 "高速铁路旅客服务心理学" 课程参考标准

一、课程性质

该课程为高速铁路客运服务专业基础课程,主要培养从事高速铁路、普速铁路、城市轨道交通客运服务工作者,具有良好的职业形象、服务意识和职业素养,能够胜任高铁列车乘务员、列车长、高铁车站客运员、客运值班员、城市轨道交通站务员等岗位工作的高端技能型专门人才。

二、课程目标

(一) 能力目标

(1)能够掌握高速铁路旅客服务的心理学方法;

(2)能够提高高速铁路旅客服务水平;

(3)掌握高速铁路旅客服务心理学知识在实践中的运用。

(二) 知识目标

(1)了解高速铁路旅客服务心理学的基本知识;

(2)识别高速铁路旅客心理过程。

(三) 素质目标

(1)培养高速铁路客运服务人员的职业心理素养;

(2)增强高速铁路客运服务人员的心理学知识运用能力;

(3)提升高速铁路客运服务人员良好的职业适应性;

(4)提高高速铁路客运服务人员的心理健康水平。

三、学习领域结构与学时分配

学习领域				学时分配
学习情境编号	学习情境名称	子情境编号	子情境名称	
S1	高速铁路旅客服务心理学理论知识	S1-1	走近心理学	4
		S1-2	高速铁路旅客服务与心理学	4

续上表

学习领域				学时分配
学习情境编号	学习情境名称	子情境编号	子情境名称	
S2	高速铁路旅客心理过程与服务	S2-1	高速铁路旅客感知觉心理与服务	6
		S2-2	高速铁路旅客情绪心理与服务	6
		S2-3	高速铁路旅客需要心理与服务	4
		S2-4	高速铁路旅客个性心理与服务	4
		S2-5	高速铁路旅客群体心理与服务	2
		S2-6	高速铁路旅客服务中的客我交往	4
		S2-7	高速铁路旅客投诉心理与处理	2
S3	高速铁路客运服务人员心理调适	S3-1	高速铁路客运服务人员心理健康调适	4
		S3-2	高速铁路客运服务人员职业倦怠与激励	4
期末考核				4
合计				48

四、考核方式与标准

课程考核以实际操作与能力考核为主,综合考核专业知识、专业技能、方法能力、职业素质、团队合作等方面。采用分小组的形式进行考核,其最终成绩由个人成绩和小组成绩两部分组成,通过对学习过程和结果的考核,实现学生知识、能力和素质的评价。教师对学生的学习过程和学习结果考核按比例分配权重;小组成绩由教师根据组员在工作过程中所起的作用和表现情况给出,任课教师将每个学生的个人成绩与小组分配成绩相加,得出该课程最终考核成绩。

考核类别	考核项目	考核方式	评价标准	成绩比例
公共考核评价标准	出勤情况	教师评价	按时出勤,不迟到、不早退	5%
	课堂表现情况	教师评价	学习态度端正,积极回答、思考问题	10%
	作业完成情况	教师评价	结合自身情况,积极思考,认真完成作业,按时上交	10%
	团队协作精神(小组合作情况)	教师评价	具有良好的团队协作精神,热心帮助小组其他成员,积极合作	5%
	阶段考核	实作考核	以小组为单位,将所学心理学基础知识运用到解决问题中,进行情境扮演。1. 主题积极向上、情境连贯完整。2. 小组体现团队协作,个人在小组中配合团队完成任务。3. 合理解决问题	30%

续上表

考核类别	考核项目	考核方式	评价标准	成绩比例
学习情境评价标准	期末考试	实作考核	结合高速铁路旅客服务工作,以小组为单位,运用高速铁路旅客服务心理学知识进行情境扮演。 1. 题材准备充分,主题清晰,连贯完整。 2. 内容编排合理,情境有效衔接。 3. 凸显专业性,运用高速铁路旅客服务心理学专业知识处理问题。 4. 体现团队协作,成员在小组中分工明确且积极配合团队完成任务。 5. 合理有效解决高速铁路旅客服务中遇到的问题	40%
合计				100%

五、教师要求

(1)教师应具备相关心理学专业知识。

(2)教师应具有高速铁路行业职业道德,思维敏捷、逻辑严密、时代感强。

(3)教师应重视现代信息技术的应用,尽可能运用现代化、多样化手段实施理论教学和实践指导。

(4)教师应积极引导学生提升职业素养,培养学生严谨细致、诚实守信的职业道德。

参 考 文 献

[1] 彭聃龄. 普通心理学[M]. 5 版. 北京:北京师范大学出版社,2019.

[2] 黄希庭. 心理学导论[M]. 北京:人民教育出版社,2015.

[3] 朱晓宁. 旅客运输心理学[M]. 北京:中国铁道出版社,2014.

[4] 罗志懿,王博. 轨道交通运输心理学[M]. 上海:上海交通大学出版社,2017.

[5] 崔丽娟,等. 心理学是什么[M]. 北京:北京大学出版社,2002.

[6] 王慧晶. 轨道交通客运服务心理与实务[M]. 2 版. 长沙:中南大学出版社,2021.

[7] 叶萍. 民航服务心理学:"理论·案例·实训一体化"教程[M]. 2 版. 北京:中国民航出版社,2021.

[8] 邹雄. 城市轨道交通客运服务心理学[M]. 2 版. 成都:西南交通大学出版社,2019.

[9] 徐胜南,邓先丽. 城市轨道交通客运服务心理学[M]. 2 版. 北京:人民交通出版社股份有限公司,2021.

[10] 林松. 驾驶员与乘客心理学[M]. 北京:中国物资出版社,2011.

[11] 齐舒,李艳清. 大学生心理健康教育[M]. 南京:江苏凤凰教育出版社,2017.

[12] 方平,张潮,杨晓荣. 自助与成长——大学生心理健康教育[M]. 北京:教育科学出版社,2019.

[13] 张澜. 民航服务心理与实务[M]. 6 版. 北京:旅游教育出版社,2023.

[14] 王琴茹,王培俊. 服务心理学[M]. 北京:高等教育出版社,2015.

[15] 刘崐. 班级团体心理辅导教程[M]. 北京:清华大学出版社,2015.

[16] 苏颖,龙叶明,钱传贤. 轨道交通运输心理学[M]. 成都:西南交通大学出版社,2016.

[17] 张厚粲. 大学心理学[M]. 北京:北京师范大学出版社,2015.

[18] 赵冰冰,穆丽婉. 满足旅客心理需求,提高客运服务质量[J]. 现代企业文化,2009(6):44-45.